AF346627

CANAUX ET CHEMINS DE FER

ÉTUDE COMPARÉE

CANAUX ET CHEMINS DE FER

ÉTUDE COMPARÉE

ÉTABLISSEMENT DES GRANDES VOIES DE COMMUNICATION
EN FRANCE

COMPARAISON ENTRE LES CANAUX ET LES CHEMINS DE FER
AUX POINTS DE VUE
DES SERVICES RENDUS, DES DÉPENSES DE CONSTRUCTION
ET DU COUT DES TRANSPORTS

PAR

UN INGÉNIEUR DES PONTS ET CHAUSSÉES

EN RETRAITE

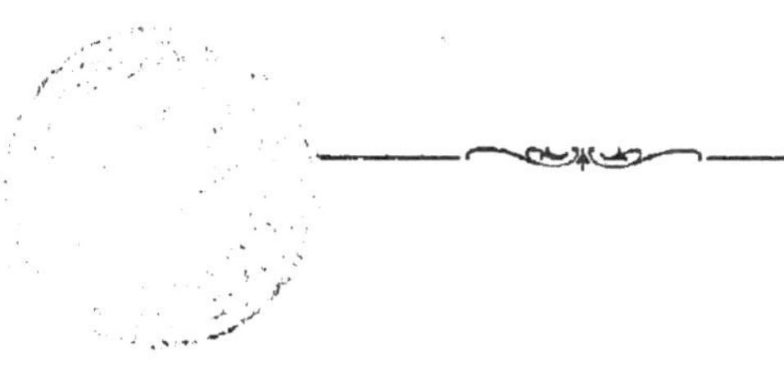

BORDEAUX

IMPRIMERIE CENTRALE A. DE LANEFRANQUE
23-25, rue Permentade, 23-25.

1881

CANAUX ET CHEMINS DE FER

EXPOSÉ DE LA QUESTION

Faut-il, d'une manière générale, préférer le canal au chemin de fer ou le chemin de fer au canal, comme ligne de grands transports ?

La question est très importante pour les intérêts économiques et commerciaux de notre pays. Discutée et débattue depuis longtemps dans la presse et à la tribune, elle reste ouverte, et ce n'est pas sans doute faire œuvre inutile que de lui consacrer un travail de quelque étendue ; travail spécial, appuyé sur des faits, sur quelques chiffres, et tendant à dégager la solution répondant le mieux à l'intérêt général.

En 1879, les Chambres se sont occupées de cette question : des longues discussions soulevées dans leur sein est résulté une sorte de compromis entre les deux systèmes de voies de communication ; les lois de juillet et d'août, qui l'ont consacré, font toucher du doigt l'influence acquise par des principes contestables nés de la réaction qui s'est manifestée, depuis 1872, en faveur des voies navigables. Le Parlement n'a peut-être pas tenu un compte suffisant des critiques légitimes et nombreuses formulées, en dehors de son enceinte, contre la large part faite aux canaux.

Ces lois ont toutefois un mérite bien certain : elles ont substitué l'ordre au désordre général qui résultait, pour les canaux, de leur exécution à un point de vue purement régional, et, pour les chemins de fer, de la fausse interprétation donnée à la loi de 1865 sur les lignes d'intérêt local. A ce titre, elles donnent toute satisfaction ; mais le programme des lignes de navigation à construire qu'elles ont formulé nous paraît très regrettable. Ce programme ne constitue, il est vrai, qu'un classement provisoire, modifiable (1) d'après les idées et les ressources de l'avenir. Quelles que soient les restrictions qui l'entourent, il a néanmoins fait naître des espérances, et, en quelque sorte, créé des droits en faveur des lignes de navigation qui s'y trouvent énumérées. Là est le danger, car ces lignes, qui exigeraient une part de l'épargne nationale, répondent très imparfaitement, à notre sens, aux divers buts qu'on désire atteindre.

Nous essaierons de le prouver dans cette *Étude*.

Pour y parvenir, nous établirons successivement que, d'une manière générale :

1° Le relief du sol opposera aux canaux à construire des difficultés plus grandes que celles surmontées par les canaux déjà

----

(1) Exposé des motifs joint au projet de loi sur les chemins de fer. — Chambre des Députés, 4 juin 1878 :

« La loi ne fait que déterminer un programme ; elle n'est pas d'une exécution obligatoire. Cette obligation ne résultera que de lois ultérieures, rendues successivement ; lesquelles, d'une part, prononceront la déclaration d'utilité publique des lignes déjà classées, et, d'autre part, fixeront chaque année la part du budget affectée à leur exécution. Le pays sera donc absolument libre, chaque année, d'activer ou de ralentir les travaux, de les continuer ou de les suspendre. Il sera aussi complètement libre de ses décisions que si la présente loi n'existait pas. »

Chambre des Députés, 26 juillet 1879. — « L'exécution des travaux sera plus ou moins rapide, suivant l'étendue des crédits que la Chambre jugera convenable d'y affecter. »

construits ; les premiers coûteront donc plus cher que n'ont coûté les seconds ;

2° Les voies ferrées rendent plus de services que les canaux et répondent mieux qu'eux aux besoins à satisfaire ;

3° Habituellement, les chemins de fer n'entraînent pas pour leur construction plus de dépenses que les canaux, et ceux restant à établir coûteront moins que les canaux qu'on se propose de creuser ;

4° Les transports sont plus onéreux à la Société sur les canaux que sur les chemins de fer, *si l'on ne néglige aucun des éléments de la question.*

Nous arriverons ainsi à démontrer que, en règle générale, créer, dans les contrées dépourvues de lignes de communication pour les grands transports, des voies d'eau artificielles, de préférence à des voies ferrées, serait une erreur économique.

L'etablissement de canaux à côté de lignes ferrées serait, à plus forte raison, une faute grave.

CHAPITRE IER

DE L'ÉTABLISSEMENT DES GRANDES VOIES DE COMMUNICATION EN FRANCE

§ 1er. — Caractères des différents bassins.

Le système orographique de la France est déterminé par la longue chaîne montagneuse qui la traverse sous le nom de Cévennes, montagnes de la Lozère, de la Côte-d'Or, de Langres, de Monts-Faucilles, et par ses diverses ramifications.

Cette chaîne, à partir de ses points culminants, voisins des points culminants du centre du pays, suit vers le Nord une direction méridienne prolongée par un demi-cercle ouvert au Sud qui la relie aux Vosges; elle suit vers le Midi une courbe légèrement ouverte au Nord-Ouest qui l'unit au Pyrénées.

En s'éloignant de la région centrale, elle réduit ses altitudes, mais les relève à ses extrémités, dans le voisinage des Vosges et des Pyrénées dont elle épouse les reliefs.

De son versant occidental se détachent quatre grands rameaux. Le premier qu'on rencontre en marchant vers le Nord, l'abandonne à son point culminant, en prolonge, en augmente même les hauteurs sur un long parcours, puis s'affaisse lentement pour disparaître près des côtes de la Vendée : avec les Pyrénées et les Cévennes, il enveloppe le bassin de la Garonne et le limite vers celui de la Loire. Les trois autres se soudent à la chaîne centrale dans la courbe qu'elle décrit avant de s'appuyer sur les Vosges, forment des échelons bien moins saillants sur le sol et perdent tous de leur hauteur à mesure qu'ils s'approchent de la mer. Ils séparent successivement le bassin de la Loire de celui de la Seine, celui-ci de l'Escaut et de la Meuse, et enfin ces deux fleuves du bassin où coulent la Sarre, la Meurthe et la Moselle. Leur direction, normale à celle de la chaîne d'où ils émergent, court, pour le premier rameau, du Sud-Est au Nord-Ouest, pour les rameaux suivants se relève de plus en plus vers le Nord et arrive pour le quatrième à suivre à peu près la ligne Nord et Sud.

Sur le versant oriental de la chaîne qui traverse la France, aucune ramification importante ne prend naissance ; mais parallèlement s'allongent le Jura et les Alpes, pour former avec lui le très long mais étroit bassin où coulent le Rhône et la Saône, bassin dirigé du Nord vers le Midi et disposé de telle sorte qu'il confronte à tous les grands bassins français.

Cette description très sommaire des faîtes séparant les principaux bassins fait pressentir, en dehors des qualités géologiques des terrains, le caractère des différents thalwegs : quelques observations supplémentaires le préciseront davantage.

Dans le bassin le plus méridional, vaste amphithéâtre bordé par les hautes cimes des Pyrénées, des Corbières, des Cévennes, des monts d'Auvergne et du Limousin, les lignes principales suivies par les eaux sont la Garonne et la Dordogne dont les sources sont élevées de 1,872 et de 1,290 mètres au-dessus du niveau de la mer. Entre elles coulent le Tarn, le Lot, dont les sources sont placées aux altitudes de 1,378 et de 1,200 mètres. Ces chiffres font prévoir l'importance des contreforts secondaires, en même temps que l'irrégularité du régime des eaux dans la région. Toutes ces rivières ont des crues considérables dont le débit atteint de cent cinquante à deux cents fois le débit d'étiage, et des courants toujours rapides ; les pentes des deux principales ne deviennent inférieures à 55 ou 60 centimètres par kilomètre que sur les derniers 250 kilomètres de leur parcours.

Dans le bassin voisin, à peu près à la même altitude de 1,430 mètres, se trouvent les sources de la Loire et celles de l'Allier. Leurs eaux se précipitent avec violence vers le point où elles se confondent ; mais, une fois mêlées, elles adoptent des pentes inférieures à 50 centimètres pendant plus de 500 kilomètres. Sur tout leur parcours, des crues fournissant jusqu'à cent fois et plus le débit des basses eaux, rongent leurs berges, et creusent ou comblent alternativement leur lit essentiellement mobile.

Les altitudes de 1,200, de 1,400 mètres ne se rencontrent plus dans le bassin de la Seine. La Marne, l'Aube, la Seine prennent naissance à 338, à 384, à 471 mètres seulement. Les crues maxima n'y donnent pas plus d'eau que les rivières méridionales dans leur état moyen, et atteignent seulement de quarante à soixante fois le débit d'étiage, inférieur lui-même à celui des cours d'eau du Midi. La rivière principale, mesurant 1,590 kilomètres tandis que la Loire en compte 2,160 et la Garonne 2,345, coule sur ses 556 derniers kilomètres avec des pentes de 23 centimètres au plus.

Plus au Nord, la Meuse utilise ses 850 kilomètres à descendre les 379 mètres séparant sa source de son embouchure : nous y constatons une partie navigable pentée de 20 à 40 centimètres sur 730 kilomètres, un débit d'étiage de 15 mètres cubes et un débit d'inondation de 700 mètres cubes, au point où elle entre en Belgique. De nombreux thalwegs d'une faible longueur l'avoisinent, comme l'Escaut français, la Scarpe, la Lys, etc., dont les régimes, aux eaux tranquilles, ne donnent que de faibles débits par tous les temps. Franchissons avec eux la frontière et nous atteignons enfin le pays plat, à surface toujours très limitée, constitué par de nombreuses embouchures, des polders, des eaux à régime régulier : c'est, avec notre Flandre française, le pays par excellence des voies de navigation de toute nature ; elles y sont en grand nombre et y constituent, depuis plus d'un siècle, un véritable réseau.

§ 2. — Influence de ces caractères
sur l'établissement des voies navigables et sur les dépenses qu'il a entraînées.

L'examen de l'ensemble des grandes voies d'eau améliorées ou créées par les générations qui nous ont précédés permet de constater que nos rivières du Nord et celles du bassin de la Seine ont été amenées à un état voisin d'une navigabilité parfaite ; que de plus, elles sont rattachées non-seulement entre elles, mais encore à la Loire, à la Marne, au Rhin, à la Saône, au Rhône, et en même temps qu'à l'ouest de la grande artère liquide, tantôt naturelle, tantôt artificielle, qui du Havre se dirige sur Paris, Orléans, Nevers, Montluçon, Lyon et la Méditerranée, on ne rencontre seulement, comme grandes lignes de navigation régulière, que le canal de Nantes à Brest, commandé plutôt par une idée stratégique que par des besoins commerciaux, et les canaux joignant Bordeaux au Rhône, c'est-à-dire réunissant l'Océan à la Méditerranée ; point d'autres.

Les régions septentrionale et orientale de la France ont donc été dotées de voies navigables ; les parties méridionale et occidentale ne disposent, au contraire, d'aucune grande ligne d'eau, à parcours sûr et régulier, en dehors des deux signalées à l'alinéa précédent.

C'est que le caractère des divers bassins a fortement influé sur les travaux exécutés jadis pour leur mise en relations faciles : l'amélioration des rivières, la création de lignes artificielles, la jonction de ces voies entre elles ont dû tenir grand compte du sol et de ses reliefs, des eaux et de leurs pentes.

Dans la première région, la disposition naturelle du sol présente, d'après les documents orographiques déjà cités, toutes les facilités désirables : faibles pentes, faibles débits, cols peu élevés, directions de cours d'eau favorables à leur jonction, et par conséquent, dépenses minimes, alors que, dans ces contrées, les résultats commerciaux ont une grande importance.

Dans la seconde région, un sol accidenté, à fortes déclivités, un régime irrégulier, des crues formidables, des faîtes peu accessibles, des rivières rebelles aux travaux d'art opposent autant d'obstacles à l'établissement de voies de navigation : les dépenses à faire y seraient d'ailleurs hors de proportion avec les avantages à retirer d'échanges peu importants. Toutes ces difficultés sont accumulées sur la Loire, sur la Garonne et sur la plupart de leurs affluents; ces rivières ne sauraient être rendues parfaites dans leur lit, c'est-à-dire moyennant des dépenses relativement faibles : elles sont loin de réunir, comme celles des bassins du Nord et de la Seine, le triple concours de pentes au-dessous de 50 centimètres par kilomètre, de faibles débits d'étiage et d'une faible différence entre ce débit et celui des plus fortes crues (1), concours qui nous paraît indispensable pour la mise en bon état de navigabilité; elles présentent plutôt les caractères des torrents, et leurs eaux sont très

(1) Une compensation peut s'établir entre ces trois éléments : ainsi une pente de 1 mètre peut être admise avec le très faible débit d'étiage de 1ᵐᶜ 25 et le fort débit relatif de 1.000 mètres cubes pour les crues; une pente de 67 centimètres peut être admise avec le fort débit d'étiage de 13 mètres cubes et le faible débit relatif de 500 mètres cubes pour les crues.

difficilement maniables. Les travaux entrepris sur la Loire, la
Garonne, le Lot, le Tarn, etc., ont prouvé combien ces rivières
étaient peu susceptibles d'importantes améliorations : certainement la science hydraulique n'a pas épuisé là toutes ses ressources ; nul n'oserait pourtant affirmer aujourd'hui la possibilité
d'obtenir, sur ces lignes, des facilités de parcours comparables à
celles qu'on rencontre sur les cours d'eau du Nord.

Aussi, même quand le problème des grands transports ne
pouvait être résolu qu'à l'aide des eaux, une sorte de découra-
gement a-t-il succédé, dans ces contrées, aux efforts considérables mais à peu près infructueux tentés à plusieurs reprises :
sauf la portion des artères magistrales situées sur des parcours réunissant deux mers, elles n'ont point vu remplacer
leurs fleuves insoumis par des voies artificielles, offrant le très
grand avantage d'échapper à l'action destructive des crues, aux
perturbations dangereuses des lits, des passes, et permettant de
remplacer les pentes excessives des thalwegs naturels par des
pentes régulières, savamment distribuées, irrévocablement fixées
au milieu des vallées. Le canal latéral se présentait comme la
solution certaine et définitive; mais après les nombreux sacrifices consentis pour réaliser des systèmes insuffisants, il exigeait
à son tour des dépenses si considérables, et le trafic de la région
était si minime, qu'il n'a pas été entrepris.

A plus forte raison, la création de voies réunissant à travers
faites les divers bassins de la France n'a-t-elle été tentée que
d'une manière restreinte, soit à cause du peu d'importance
des échanges presque exclusivement locaux, soit à cause des
dépenses de construction qu'eussent exigées de longs canaux
ordinaires et surtout des canaux à points de partage dont le
succès était problématique.

Les générations antérieures à la nôtre manquaient de capitaux
suffisants pour généraliser de tels travaux. Elles ont naturelle-

ment porté leurs efforts sur les points où la disposition naturelle des lieux et les besoins du commerce permettaient d'obtenir, avec de faibles ressources, les plus grands résultats. Ainsi, en franchissant deux cols fortement déprimés, elles ont rattaché Paris à la Sambre, à la Meuse, à la Scarpe, à l'Escaut, à la mer du Nord, à l'aide de canaux formant ensemble une longueur de 163 kilomètres seulement ; elles ont relié la Seine par l'Aisne au Nord-Est, par la Marne à l'Est, et, par les canaux très courts d'Orléans, du Loing, de Briare, réuni la même rivière, d'une part à la Loire moyenne, et d'autre part aux vastes bassins de la Haute-Loire et de l'Allier, dont la direction voisine de méridiens sur de grandes longueurs indiquait le plus court chemin d'une notable portion du Centre de la France vers Paris.

Ce n'est pas tout : la Saône et le Rhône, sur près de 700 kilomètres, sont naturellement navigables ; non-seulement leurs vallées sont riches en matières de toute nature, en productions autres que celles fournies par les contrées voisines, mais en outre elles aboutissent à une mer plus riche encore en marchandises à échanger : un seul faîte les sépare de la Loire, un autre de la Seine ; il était extrêmement important de les franchir : l'œuvre a été tentée et, par les canaux du Centre et de Bourgogne, 690 kilomètres de voies navigables ont été réunis à la Loire et à la Seine ; l'extrême Nord a été rattaché à l'extrême Sud-Est, à la Méditerranée.

Le bras qui exécutait tous ces travaux peut être accusé d'avoir agi le plus souvent en vue de transports à faibles parcours, en vue de transports locaux, tout au plus régionaux ; c'est ce que semble indiquer la diversité des principaux éléments qui constituent les canaux, comme dimensions des écluses, largeur et profondeur des cuvettes. Mais, à toutes les époques, une grande idée semble avoir plané sur ce vaste ensemble, et la facilité des échanges à longue distance, notamment de ceux concernant les produits nés sous des climats différents, paraît avoir été le but final constamment poursuivi. Comment expliquer autrement que toutes ces rivières, toutes ces voies artificielles aient abouti à la jonction la plus naturelle du Nord avec le Midi par une série de rayons convergeant des frontières septentrionales, de la Somme, de l'Aa, de la Lys, de la Deule, de la Scarpe, de l'Escaut, de la Sambre, de l'Aisne, de la Meuse, sur le tronc commun de l'Oise pour saisir ensuite la Seine, en suivre le cours, et se partager plus loin suivant trois directions aboutissant toutes à la Saône, au Rhône, à la Méditerranée !

En dehors de ces routes hydrauliques, on n'en trouve qu'un bien petit nombre.

C'est donc le chemin entre les eaux froides de toute notre frontière du Nord et les eaux chaudes de la Méditerranée que patiemment, et de préférence à tout autre, ont poursuivi nos pères : ils se sont heurtés parfois à des difficultés techniques et financières, mais ils n'en ont pas moins persévéré, parce qu'ils comprenaient que les besoins des populations appelaient les marchandises à changer de latitude, plutôt qu'à voyager sur le même parallèle ; parce qu'ils sentaient que les lignes intérieures Nord et Sud devaient être celles des grands mouvements et que celles Est-Ouest devaient être, sauf de rares exceptions, de simples artères accessoires. Les chemins de fer ont mis ce fait en évidence : mais, avant eux, il avait été pressenti.

Pour opérer cette jonction du Nord avec le Midi-Méditerranéen, plusieurs routes ont été construites.

Laissant de côté les parcours au nord de Paris, communs à tous les tracés possibles, ne nous occupons que des lignes marchant de là vers le Sud.

Celle ouverte le plus à l'Est est tracée par la Seine et l'Yonne, qui conduisent très directement en vue de la chaîne centrale derrière laquelle les eaux coulent en ligne droite vers le Midi ;

elle en franchit le faîte par les 242 kilomètres du canal de Bourgogne et suit, sur ses 542 derniers kilomètres, la Saône et le Rhône, aboutissant à la Méditerranée.

Avec le même départ par la Seine et l'Yonne, un deuxième itinéraire emprunte, sur 170 kilomètres, le canal du Nivernais, franchit avec lui les 240 mètres de pente des versants du Morvan, gagne la Loire, en suit la vallée, s'élève par le canal du Centre sur les coteaux qui la bordent et descend dans la Saône. Les 116 kilomètres et les 206 mètres de chute du canal du Centre forment le dernier tronçon.

Une autre route tracée un peu plus vers l'Ouest augmente la longueur du voyage sans réduire les obstacles; la Seine fournit toujours le départ, mais l'Yonne est abandonnée; les faîtes sont franchis par le canal de Briare, et, comme précédemment, par le canal du Centre; la vallée de la Loire est empruntée sur un plus long parcours.

Si maintenant nous voulons, en vue de nouvelles communications, abandonner la Méditerranée comme but et gagner la région du Sud-Ouest, baignée par l'Océan, plusieurs routes peuvent être tentées : toutes présentent encore aujourd'hui de longues lacunes.

Nous pouvons utiliser les voies qui, de Paris, conduisent dans la vallée du Cher, et essayer de couper une partie du grand massif montagneux du Centre de la France. Là se présente une région que ses grandes hauteurs, ses défilés, la nature du sol rendent pour ainsi dire inabordable; nous tombons dans les cataractes de la Dordogne. Cette rivière à crues violentes, à pentes souvent raides, nous conduira, après 1,200 ou 1,300 mètres de montées ou de descentes, à Libourne, d'où, par une coupure dans la presqu'île du Bec d'Ambès, Bordeaux peut être atteint. Un canal à double versant nous fera ensuite traverser le plateau des Landes et aboutir à l'Adour, c'est-à-dire à l'extrême Sud-Ouest, au fond du golfe de Gascogne.

Nous éloignant de cette route exceptionnellement difficile au départ, essayons le passage par des terrains moins tourmentés. Il faudra, abandonnant la partie haute du Cher, couper les faîtes entre Cher et Creuse, entre Creuse et Vienne, entre Vienne et Dordogne, et après de nombreux obstacles présentés par la nature granitique du sol, par un trop grand nombre d'écluses, par des alimentations probablement insuffisantes, descendre toute la vallée de l'Isle qui prêtera son aide jusqu'à Libourne, d'où la route jusqu'à Bordeaux est ouverte.

Éloignons-nous encore, afin de placer le tracé sur les parties moyennes des vallées : nous abandonnerons un peu plus tôt le Cher et couperons les faîtes entre Cher et Arnon, entre Arnon et Indre, entre Indre et Creuse, entre Creuse et Gartempe, entre Gartempe et Vienne, entre Vienne et Isle.

Tracée dans les parties aussi basses que possible des vallées, la route à suivre couperait les nombreux faîtes et thalwegs cités à l'alinéa précédent, à l'exception du dernier qui serait remplacé par un faîte entre Vienne et Charente et par un faîte entre Charente et Isle. Parmi ces passages spéciaux, il en est qui présenteront de très grandes difficultés, et il est permis de penser que M. l'Ingénieur Caillaux, sénateur, ne se trompe nullement, lorsqu'il dit (*Journal officiel* du 31 juillet 1879, Sénat) que les 96 millions prévus pour l'exécution d'un canal entre la basse Loire et Tours se transformeront en 200 millions.

D'autres itinéraires ont été projetés.

On peut utiliser la Seine et les canaux qui, à Orléans, la joignent à la Loire, suivre la vallée de cette rivière jusqu'aux environs du confluent de la Vienne et, à partir de ce point, adopter le tracé du célèbre Ingénieur Brisson, par la Vienne, la Charente, la Dronne et l'Isle.

Enfin, faisant table rase des travaux déjà exécutés, on peut, comme Brisson, sortir de la vallée de la Seine par la petite

rivière d'Orge, franchir les coteaux la séparant du Loir, suivre
ce cours d'eau tranquille, rejoindre la Loire vis-à-vis la Vienne
par un canal à bief de partage, et adopter ensuite le tracé
indiqué à l'alinéa précédent. En définitive, on obtient ainsi une
réduction de parcours; néanmoins, en outre des sections en lit
de rivière, il faut constituer la route de toutes pièces sur plus
de 700 kilomètres présentant 800 mètres de hauteur à franchir
par écluses.

Mais, il faut bien le dire, plus les tracés se rapprochent de
l'Ouest, moins ils ont d'utilité; le voisinage de la mer leur crée,
en effet, une concurrence leur enlevant une grande partie de
leur valeur commerciale; si une nouvelle artère liquide était
un jour jugée indispensable pour les relations du Nord et de
l'Est avec l'Ouest et le Sud-Ouest, ce serait donc, soit à travers
les montagnes du Puy-de-Dôme et la haute Dordogne, soit à
travers les contreforts élevés du Cher, de la Marche, de la
Creuse, de la Gartempe, et les monts du Limousin qu'au point
de vue du trafic on devrait l'ouvrir. Mais alors, et ainsi que
cela a été indiqué, on rencontrerait de tels obstacles, peut-être
de telles impossibilités, qu'il serait certainement sage de les
bien mesurer, de les bien estimer, avant de les affronter.

La jonction de Paris avec le Sud-Est a été bien plus facile et
était en même temps bien plus utile.

Pour la réaliser, les 242 kilomètres du canal de Bourgogne
ont dû seuls être creusés à travers terres et une hauteur de
500 mètres seulement a dû y être franchie par écluses; sur tout
le reste du parcours, des voies d'eau naturelles dont l'amélioration pouvait se faire progressivement et relativement à peu
de frais, ont pu être utilisées. De plus, au point de vue des
intérêts à desservir, cette ligne ne pouvait être suppléée par la
mer, ainsi qu'il en adviendra pour toute jonction de Paris au
Sud-Ouest; tout le trafic lui était acquis, et ce trafic avait une

importance dont n'approchera jamais celui du Nord ou de l'Est vers l'Adour.

Pour que le réseau de nos voies navigables ne fût pas trop incomplet, il faudrait également relier l'Ouest à l'Est.

Si cette jonction est tentée par la vallée de la Loire, les difficultés et les dépenses seront considérables. Ainsi, de Nantes à Orléans, séparés par 306 kilomètres, le tracé fait naître tant d'objections qu'il n'est pas encore arrêté, et 100 millions au moins sont jugés nécessaires. (Rapport de la Commission du Sénat; *Journal officiel* du 12 août 1879.) Cela fait 327,000 fr. par kilomètre.

La route par la vallée de la Dordogne, puis par la Sioule et la Bèbre qui se verse dans la Loire, offre, à son tour, tous les obstacles sommairement signalés plus haut. — 600 kilomètres à améliorer ou à ouvrir, 1,250 mètres environ de hauteur à franchir, représentent la tâche à accomplir. Brisson, qui avait peu recours aux chemins de fer, à peine nés quand il écrivait, et qui n'en adjoignait que 800 kilomètres à ses 10,200 kilomètres de lignes navigables, dit, à l'occasion de cette jonction de l'Ouest à l'Est : « Les difficultés que peuvent offrir à l'assiette » d'un canal les vallées de la Dordogne et de la Sioule, surtout » dans leurs parties supérieures, ainsi que le grand nombre » d'écluses, peuvent rendre l'exécution de ce canal dispen- » dieuse et sa navigation lente et pénible. L'importance de » cette ligne de communication devra du moins appeler l'atten- » tion sur la possibilité d'y remplacer la navigation par un » chemin de fer. »

Ces deux grandes lignes naturelles écartées, l'Ouest ne saurait être relié à l'Est et au Sud-Est que par des voies dont les détours allongeraient beaucoup les parcours et augmenteraient notablement les frais de toutes sortes.

En résumé, on le voit, en passant du Midi au Nord, les

pentes des vallées se montrent plus faibles, les parcours à
thalwegs peu inclinés s'allongent, le rapport du débit des crues
à celui d'étiage diminue ; parti d'une région aux eaux rapides,
souvent torrentielles, on atteint graduellement une région aux
eaux calmes, facilement dirigeables. De faîtes atteignant des
hauteurs considérables, de versants présentant de grandes sur-
faces aux pluies, aux neiges, de contreforts se prolongeant plus
loin dans les vallées, on arrive en effet à des faîtes très aplatis,
à des versants avec inclinaisons très adoucies. Ce n'est pas tout :
la direction générale des eaux, dans le Nord, dans l'Est, le Sud-
Est, facilite la réunion des bassins ; dans le Centre et dans
l'Ouest, thalwegs et faîtes semblent au contraire s'entr'aider
pour barrer le passage aux lignes joignant les vallées ayant le
plus d'échanges à faire ; les faîtes y sont en grand nombre et
ne sont peut-être pas tous capables d'assurer l'alimentation des
canaux par lesquels on tenterait de les traverser. De plus, vers
l'Est, le Sud-Est et le Nord, les besoins du commerce ont
toujours appelé la jonction des voies d'eau ; tout le trafic
échangé devait emprunter ces grandes voies de communication et procurer des économies en rapport avec les sacrifices
consentis ; les échanges du Nord avec l'Ouest et le Sud-Ouest
n'avaient pas les mêmes besoins ; la mer, ce transporteur par
excellence, les opérait à bas prix ; elle les effectue aujourd'hui
à des conditions si peu onéreuses, que tout canal voisin des
côtes occidentales est considéré par tous comme une inutilité.
Si donc, pour relier par le Centre, le Nord et l'Est à l'Ouest
et au Sud-Ouest, on décidait la construction de canaux plutôt
que d'autres voies de communication, ils devraient nécessairement, au point de vue des échanges commerciaux, s'éloigner
de la sphère d'action de la mer et se rapprocher du massif
montagneux de la France, où les accidents très prononcés du
sol conduiraient à des dépenses excessives.

Il ne faut donc pas s'étonner si les diverses régions de notre territoire présentent des situations si différentes, si l'une est munie de voies de navigation, si l'autre en est dépourvue.

Il faut en même temps conclure que les canaux les plus faciles sont aujourd'hui exécutés et que ceux réservés à l'avenir, soit dans un même bassin, soit pour joindre des bassins différents, rencontreront bien plus d'obstacles et seront beaucoup plus coûteux que ceux établis jusqu'à ce jour. C'est un point qu'il nous a paru indispensable de mettre en évidence afin de réagir contre la tendance de trop de personnes à appliquer aux dépenses de l'avenir les chiffres du passé.

Quoi qu'il en soit de toutes ces questions, vers la fin du dernier siècle, 1,067 kilomètres de canaux étaient déjà livrés à la circulation, et un pareil nombre était en construction. Ce fut le beau temps des travaux hydrauliques; plus tard, les guerres de l'Empire, les malheurs de la France, amenèrent un ralentissement dans tous les travaux publics. Il fallut attendre le repos et la paix pour que l'œuvre si essentielle des voies de circulation par eau pût être reprise; les lois de 1821 et de 1822 répondirent aux besoins signalés par le pays; un peu plus tard, celle de 1838 fit preuve des bonnes dispositions du Gouvernement de Juillet en faveur de la navigation, et compléta les 4,734 kilomètres de canaux et les 7,200 kilomètres de rivières, classées navigables *(Album de statistique du Ministère,* 1er janvier 1879), que la France possède aujourd'hui.

Tel fut le passé, telles furent ses œuvres : entrepris dans les régions où les reliefs du sol se prêtaient le mieux à leur établissement, les canaux ont été arrêtés dans leur construction par la marche du progrès au moment où, réclamés par l'industrie naissante dans des contrées pourvues seulement de routes devenues insuffisantes, ils allaient être obligés de lutter contre des difficultés bien plus considérables que celles rencontrées jusqu'alors.

§ 3. — Établissement des chemins de fer.

Vers 1840, l'instrument le plus parfait de translation, qui devait transformer tant de choses, fut offert tout à coup au pays : les chemins de fer paraissent. Ils sont également aptes au transport des voyageurs et des marchandises, ils triomphent facilement des accidents du sol devant lesquels s'étaient arrêtées les voies d'eau ; le public les acclame avec ardeur, la construction des canaux est complétement abandonnée, et la France se livre, tout entière, à l'idée nouvelle ; en moins de quarante ans, elle y consacre 10 milliards de ses économies, crée 24,000 kilomètres de voies ferrées et les étend même sur ces contrées réfractaires à la navigation dont nous parlions tout à l'heure, et qui se trouvent ainsi elles-mêmes desservies.

§ 4. — Réaction en faveur des voies navigables.

En 1872 seulement s'opère un réveil de l'opinion publique en faveur des communications par eau.

Cette réaction produit son effet en 1879, pendant la discussion des lois sur l'ensemble des voies de communication. Elle n'empêche pas, il est vrai, les Chambres de voter l'établissement de nouveaux chemins de fer, puisque celles-ci portent à 42,000 kilomètres l'étendue du réseau national ; mais les mêmes votes placent, à côté des lignes ferrées, de nouvelles lignes de navigation. Il ne s'agit pas, il est vrai, de réaliser, dans un prochain avenir, le vaste projet de Brisson qui, dès 1820, c'est-à-dire bien avant l'apparition des chemins de fer, préparant par ses études les lois de 1821 et 1822, présentait un projet de 2,200 kilomètres de canaux de première classe (écluses de $32^m 50$ sur $5^m 20$), et de 8,000 kilomètres de canaux de deuxième classe (écluses de 16m 50 sur 2m 60) : ce n'est même pas la réalisation des 3,000 kilomètres proposés par la Commission d'enquête parlementaire sur les voies de transports (1872, 1873, 1874), et estimés 600 millions, que les Chambres veulent atteindre.

Le vote de 1879 suppose une forte réduction sur ces deux projets. S'il indique sous le titre « élévation du mouillage, » augmentation du tirant d'eau », des travaux en lit de rivières devant ouvrir, s'ils réussissent, de véritables nouveaux chemins à la navigation, il ne porte comme « lignes nouvelles » à créer, indépendamment du grand canal du Nord et de la transformation de la Seine en aval de Paris, que sur 1,100 kilomètres de canaux nouveaux, devant coûter 380 millions, et dont un faible nombre est déjà déclaré d'utilité publique.

En présence de ce vote, nous prétendons que les projets de création de voies d'eau, dont l'importance a suivi une marche décroissante, ne sont pas encore suffisamment réduits. Déjà nous avons vu que le relief de nombreuses régions de la France oppose à leur exécution de très grandes difficultés, et qu'il ne faut pas juger les dépenses à faire pour les canaux de l'avenir d'après celles des canaux du passé ; il nous reste à prouver que les contrées à doter de voies de grande communication seront plus utilement et plus économiquement desservies par des rails que par des canaux.

Une comparaison détaillée entre les deux systèmes montrera la vérité de cette assertion.

CHAPITRE II

COMPARAISON ENTRE LES CANAUX ET LES CHEMINS DE FER
AU POINT DE VUE
DES SERVICES QU'ILS PEUVENT RENDRE

§ 1. — Faculté de rayonnement dans l'intérieur du pays.

Au point de vue de la facilité d'établissement, de la faculté de rayonnement dans l'intérieur du pays, de l'accès jusqu'à un lieu déterminé de production ou de consommation, les chemins de fer ont incontestablement sur les canaux un très grand avantage.

En effet, leurs locomotives pouvant rouler sur des déclivités de 30 mètres et plus par kilomètre, ils peuvent épouser bien des reliefs du sol et y asseoir leur base sans travaux extraordinaires; si ces déclivités sont inférieures à 3 ou 4 mètres, comme cela arrive souvent, la puissance de traction et la vitesse y sont considérables; si elles atteignent 30 mètres. si les points à desservir sont séparés par 10, par 15 kilomètres. c'est-à-dire si ces points ont entre eux une différence de 300, de 450 mètres dans leurs altitudes, et sont ainsi dans une situation telle qu'une route de terre seule eût pu les réunir, il y a quelques années à peine, les rails peuvent encore être utilisés sans que leur trafic soit condamné à une perte de temps notable. En fait, sur les 20,964 kilomètres exécutés à la fin de 1877, deux tiers sont en palier ou en déclivités allant jusqu'à 5 mètres par kilomètre; l'autre tiers présente des déclivités plus fortes atteignant jusqu'à 30 mètres par kilomètre.

La nécessité de n'appliquer aux chemins de fer que des alignements ou des courbes à grand rayon entraînait souvent, au début, des dépenses considérables de construction. Aujourd'hui, ce ne sont plus des rayons de 1,000, de 800 mètres qui limitent leur courbure, ces chiffres descendent jusqu'à 300 et même 180 mètres, et rien ne dit que le progrès soit épuisé. (Page 79.)

Les chemins de fer n'ont guère à se préoccuper de la nature des terrains sur lesquels reposent leurs rails.

Ils ont besoin d'eau, mais presque toujours ils en rencontrent suffisamment pour alimenter leurs machines. Si, par exception, elle vient à manquer là où elle leur est indispensable, ils savent l'y porter.

Tels on les voit dans les plaines, tels on les voit à toutes les altitudes : aux Apennins à 617 mètres au-dessus du niveau de la mer, dans la Forêt-Noire à 850 mètres, dans le Caucase à 975 mètres, au Sœmmering à 1,020 mètres, dans les contreforts des Alpes, entre Veynes et Gap, à 1,000 mètres, entre Grenoble et Gap à 1,150 mètres, dans la Lozère à 1,100 mètres, au Saint-Gothard à 1,154 mètres, au Mont-Cenis à 1,295 mètres, au Guadarrama et au Brenner à 1,365 mètres, au North-Pacific à 1,652 mètres, au Central-Pacific à 2,140 mètres, à l'Union-Pacific à 2,153 mètres; dans les Andes ils franchissent l'altitude de 4,770 mètres; bientôt, ils passeront sous l'Hudson avec leurs deux cents trains par jour, et, prochainement, sans doute, sous la Manche.

Les canaux ont des allures bien différentes.

Les bateaux, condamnés à suivre le plan horizontal des eaux, ne peuvent gravir un coteau ni le descendre qu'à l'aide d'écluses, c'est-à-dire d'un appareil occasionnant de fortes dépenses pour son installation et un retard dans la circulation. Ils ne peuvent, après une ascension, opérer une descente que si le sommet atteint permet la réunion de sources assez abondantes pour assurer l'alimentation de la branche montante et de la branche descendante : le plus souvent, cette condition n'étant pas remplie, les changements de sens des déclivités sont impossibles et les canaux sont forcés d'aborder de front, par leurs échelons horizontaux, tous les monticules qui se présentent sur leur tracé ; les coteaux ne peuvent alors être franchis qu'à l'aide de profondes tranchées et de souterrains. Les travaux de cette nature y sont donc considérables : ainsi, lorsqu'on ne compte que 13 mètres de souterrain par kilomètre de chemin de fer, il faut en compter 19^{m}13 par kilomètre de canal, c'est-à-dire moitié en sus. (Pages 91 et 94.)

Les grands remblais, les terrains à couches très inclinées, ceux d'une nature perméable, sont pour eux de graves, quelquefois d'invincibles obstacles.

Leurs travaux d'art, ayant à résister à l'effet destructeur des eaux de leur cuvette, exigent des précautions spéciales et les éventualités y sont nombreuses.

Quant à leur alimentation, on sait les difficultés qu'elle présente et les dépenses considérables que souvent elle entraîne dès les premières années de circulation. Ces difficultés sont telles qu'il n'est pas rare de voir abandonner les projets de tracés les plus favorables au pays, parce que les ruisseaux ne s'y rencontrent pas en nombre suffisant ou parce qu'on ne trouve pas, aux cols traversés par les biefs de partage, les 15 lieues carrées de terrain dont les eaux réunies sont indispensables à la navigation.

Les canaux sont-ils établis avec des déclivités de 3 à 4 mètres par kilomètre, ils présentent une écluse tous les 800 mètres, c'est-à-dire une cause de retard d'une demi-heure dans la marche des bateaux. Si ces déclivités atteignent de 6 à 8 mètres par kilomètre, cette cause de retard se renouvelle deux fois plus souvent, soit à la distance de dix longueurs de bateau, et la marche devient si lente que les pentes de cette importance sont autant que possible évitées. Avec des déclivités de 30 mètres par kilomètre, les écluses se succèdent à la distance d'une longueur de bateau, et la vitesse de circulation est alors tellement ralentie qu'une pareille disposition n'est acceptable que pour la traversée de quelques points exceptionnels.

Brisson, dans son *Essai sur la navigation intérieure*, publié en 1829, donne des détails très intéressants à l'occasion des 10,253 kilomètres de canaux étudiés par lui. Sur ce nombre, 19 kilomètres seulement présentent des pentes moyennes supérieures à l'inclinaison de $5^m 50$ par kilomètre, 96 kilomètres sont inclinés à plus de $4^m 50$, et 297 à plus de $3^m 50$; tous les autres offrent des pentes moyennes plus faibles. C'est à peu près le résultat à déduire de l'examen des canaux exécutés jusqu'à ce jour. Si l'on se reporte, en effet, au tableau publié comme annexe qui, entre autres renseignements, fait connaître les pentes pratiquées par les lignes d'eau de toute nature, on reconnaît que :

Dans la région du Nord, du Pas-de-Calais et de la Somme, la pente moyenne est presque toujours inférieure à 40 centimètres par kilomètre; rarement, elle atteint 62, 72, 83 centimètres;

Sur le petit canal de Roubaix, long de 20,350 mètres seulement, elle arrive sur 7 et 9 kilomètres à $2^m 10$ par kilomètre;

Dans la région de la Marne, les pentes moyennes les plus fortes sont de $1^m 17$, $1^m 47$, $2^m 10$ par kilomètre; la pente moyenne exceptionnelle de $3^m 21$ par kilomètre ne se voit que sur 6,720 mètres du canal de l'Aisne à la Marne;

Dans la région de la Seine, les pentes moyennes maxima se rencontrent sur les canaux très courts ($4^k 5$ et $6^k 6$) Saint-Martin et Saint-Denis : elles sont de $4^m 38$ et de $5^m 44$ par kilomètre : il n'existe de pentes moyennes comprises entre 2 et 3 mètres par kilomètre que sur 95 kilomètres du canal de Bourgogne et sur le canal de Briare; partout ailleurs, on peut dire qu'elles sont inférieures à $1^m 60$ par kilomètre et souvent même à 60 centimètres par kilomètre;

Dans la région de l'Est, les pentes varient de 47 à 59 centimètres par kilomètre; la descente d'Arschwiller, sur le canal de la Marne au Rhin, présente sur 59 kilomètres une pente moyenne de $2^m 22$ par kilomètre;

Dans la région de la Loire, quelques pentes atteignent $1^m 20$ et même $2^m 70$ par kilomètre; mais, généralement, elles sont beaucoup plus faibles;

Enfin, dans la région du Midi, la situation est à peu près la même que dans le bassin de la Loire.

L'examen de la même annexe, au point de vue des hauteurs franchies par les canaux, montre que les plus élevées sont :

Dans la région du Nord, du Pas-de-Calais, de la Somme, des Ardennes, de 30 mètres, de 62 mètres, de 90 mètres, de 108 mètres;

Dans la région de la Marne, de 130 mètres et de 187 mètres;

Dans la région de la Seine, de 74 mètres, de 78 mètres, de 166 mètres et de 200 mètres;

Dans la région de l'Est, de 143 mètres et de 152 mètres;

Dans la région du Rhône et de la Saône, de 108 mètres, de 173 mètres, de 206 mètres et de 300 mètres;

Dans la région de la Loire, de 130 mètres et de 141 mètres;

Dans la région de la Bretagne, de 42 mètres, de 60 mètres, de 114 mètres, de 126 mètres et de 182 mètres ;

Dans la région du Midi, de 128 mètres et de 188 mètres.

De tout ce qui précède, il résulte que les canaux sont des moyens de transports propres aux pays plats et que, à peu près inapplicables en pays de montagnes, ils ne doivent que tout à fait exceptionnellement aborder les coteaux.

Donc, quand les partisans des canaux admettent que : « Le » canal ne peut lutter avec le chemin de fer que pour le transport » économique des marchandises encombrantes, des matières » premières, non encore élaborées ou en voie d'élaboration, » ils doivent reconnaître, comme conséquence, que le champ de la lutte sera restreint, qu'il faut en éliminer une grande partie de la France. C'est en effet au cœur des Alpes, des Pyrénées, des Cévennes que se trouvent les matières lourdes ; le canal ne saurait s'en approcher, encore moins escalader leurs contreforts.

C'est donc sur les chemins de fer, non sur les canaux, que le pays, à la recherche d'un outillage facilitant le transport des pierres, des bois, des marbres, des houilles, des minerais, inabordables jusqu'à ce jour, doit porter ses vues. Solidement accrochés aux flancs des montagnes, les rails s'approcheront de la carrière, de la forêt, de la mine, et en conduiront les produits, par monts et par vaux, jusqu'aux lieux d'emploi ; la voie d'eau ne faciliterait les échanges que dans les plaines, tout au plus dans les régions peu accidentées, et entre la matière lourde et le lieu de production devraient circuler des charrettes, sur des routes si longues, que le prix de transport ne pourrait jamais s'abaisser suffisamment pour rendre l'exploitation rémunératrice : la matière resterait dans la montagne, où la nature l'a fait naître, sans que l'industrie, le commerce et l'agriculture en pussent tirer profit.

§ 2. — Longueurs à parcourir entre deux points donnés.

Entre deux points réunis par un canal et par un chemin de fer, la route par eau est la plus longue.

Cette proposition semble découler directement de ce qui a été dit au paragraphe précédent sur la difficulté bien plus grande pour les voies d'eau que pour les voies de fer, d'épouser le sol, sur lequel on veut les asseoir : quelques exemples la justifieront et permettront de déduire le rapport entre les longueurs de l'une et de l'autre de ces voies.

Ces exemples, pris sur les voies existantes ou projetées, joignant aussi directement que possible deux points déterminés et cheminant l'une à côté de l'autre, autant que leur nature le permet, sont résumés dans les tableaux qui suivent :

1er TABLEAU

	DISTANCES	
	par voie d'eau	par voie de fer
De Paris à Gravelines	430 k	314 k
De Paris à Mons, par Saint-Quentin	324	240
De Paris à Mézières, par Soissons, Reims, Rethel	362	248
De Paris à Strasbourg, par Meaux, Epernay, Nancy	562	503
De Givet à Port-sur-Saône (Canal de l'Est), par Mézières, Verdun, Nancy, Epinal	479	452
De Vitry à Pontailler (Gray), avec emploi du canal projeté de la Marne à la Saône, par Saint-Dizier, Donjeux, Chaumont	223	94
De Paris à Lyon, par Melun, Joigny, Tonnerre, Dijon, Macon	617	512
De Moret à Chalons-sur-Saône, par Montargis, Nevers	427	366
De Lyon à Marseille, par Tarascon, Arles, avec emploi du canal projeté de Bouc à Marseille	372	351
De Marseille à Bordeaux, par Arles, Beaucaire, Toulouse	695	659
De Bordeaux à Bayonne, avec emploi du canal projeté	249	198
De Bordeaux à Chatellerault, avec emploi du canal projeté	386	286
De Nantes à Châteaulin (Brest), par Redon	366	281
TOTAUX	5.531 k	4.616 k
RAPPORT	1,20 : 1	

2e TABLEAU

2e TABLEAU

	DISTANCES	
	par voie d'eau	par voie de fer
ande ligne de la Mer du Nord à la Méditerranée, ou de Gravelines à Marseille.		
Voie d'eau par Gravelines, Cambrai, le futur canal de l'Oise à l'Aisne, par Donjeux, le futur canal de Donjeux à Gray, Lyon, Arles, Bouc et Marseille……………………………	1.325k	»
Voie de fer par Paris, Nîmes et Marseille…………………	»	1.170k
Grande ligne de l'Ouest à l'Est ou de Châteaulin (Brest) à Strasbourg.		
Voie d'eau par Nantes, le canal du Loing, le canal latéral à la Marne et le canal de la Marne au Rhin………………,……	1.463	»
Voie de fer par Rennes, Paris, Nancy…………………….	»	1.126
Grande ligne du Nord-Est au Sud-Ouest ou de Valenciennes à Bayonne.		
Voie d'eau par le futur grand canal du Nord.. 315 kil.		
Voie d'eau par les canaux du Loing et de Briare, partie du canal du Berry et par le canal projeté de Saint-Amand à Bordeaux……………… 1.109 kil.	1.424	»
Voie de fer par Paris………………………………….	»	1.033
Grande ligne de la Manche en Suisse ou de Rouen à Mulhouse.		
Voie d'eau de Rouen par Paris, Laroche, canal de Bourgogne et canal du Rhône au Rhin, jusqu'à Mulhouse …. 903 kil.		
Voie d'eau par le canal latéral à la Marne, le futur canal de Donjeux à Pontailler, la Saône et le canal du Rhône au Rhin…………… ……………… 971 kil.	903	»
Voie d'eau par le canal de la Marne au Rhin jusqu'à Toul, le canal de l'Est, le futur canal de Conflandey à Montbéliard et le canal du Rhône au Rhin ……………………………………… 943 kil.		
Voie de fer par Paris, Troyes, Vesoul et Montreux…………	»	628
Totaux……………	4.699k	3.715k
Rapport …………	1.292 : 1	

Il faut conclure des résultats consignés :

Que s'il s'agit de deux localités séparées par moins de 600 kilomètres, le parcours par voie d'eau est plus long de 20 p. 100 que celui par voie de fer ;

Que, par conséquent, le prix du kilomètre de canal doit être augmenté de 20 p. 100 lorsqu'on le compare au prix du kilomètre de chemin de fer ;

Que le prix du transport sur canal, y compris ou non le droit de navigation, étant établi par kilomètre de longueur de canal, doit être augmenté de 20 p. 100, quand on le compare au prix de transport sur chemin de fer.

S'il s'agit de localités plus éloignées l'une de l'autre, le défaut de correspondance des lignes d'eau rend plus sensible encore l'allongement relatif ; c'est ce qui résulte du deuxième tableau qui permet de dire que si l'allongement est de 20 p. 100 dans la première hypothèse, il doit être porté à 29 p. 100 dans la seconde.

§ 3. — Rapidité des transports.

Les chemins de fer ont sur les canaux l'avantage de se prêter de la manière la plus complète aux échanges de toutes natures. Leurs locomotives, susceptibles d'une vitesse de 40 à 90 kilomètres par heure, ont tout un trafic de voyageurs auquel les canaux, à leur grand détriment, demeurent forcément étrangers ; elles peuvent aussi marcher avec des vitesses moindres et disputer alors aux voies d'eau le transport des marchandises dans des conditions d'autant plus favorables qu'elles l'emportent néanmoins en célérité sur les bateaux.

En vertu des arrêtés ministériels qui règlent la matière, les colis dits de « petite vitesse » doivent être transportés sur rails à raison de 150 kilomètres pour les premières vingt-quatre heures et de 125 kilomètres par chaque vingt-quatre heures suivantes, soit à raison de 5,200 mètres par heure de jour et de nuit.

Sur les canaux, le halage à bras donne une vitesse de 1,200 à 1,800 mètres par heure, et le chemin parcouru en vingt-quatre heures est de 8 à 12 kilomètres. A l'aide d'un cheval, le parcours atteint de 14 à 18 kilomètres; avec deux chevaux, de 25 à 30 kilomètres. Il faut que le halage soit fait par deux chevaux, marchant jour et nuit, en accéléré, pour que la distance parcourue en vingt-quatre heures soit de 40 à 50 kilomètres.

Si l'on recherche ce qui se passe pour de longs voyages, on voit que le canal de Bourgogne, par exemple, est parcouru de bout en bout, en vingt ou vingt-cinq jours, lorsque le remorquage est fait à bras, et en dix jours lorsqu'on emploie deux chevaux ; sa longueur étant de 242 kilomètres, le cheminement atteint 11 kilomètres par vingt-quatre heures dans le premier cas, et 24 kilomètres dans le second.

Sur la ligne d'eau très importante et très perfectionnée de Mons à Paris, longue de 324 kilomètres, on admet « qu'avec un service bien établi » le parcours de bout en bout pourrait se faire en quinze jours ; c'est une vitesse de 22 kilomètres par vingt-quatre heures.

On dit encore (voir Chambre des Députés, *Journal officiel* du 21 juillet 1879, M. le Député Patissier) que le canal projeté entre la Garonne et la Loire permettra de franchir en trente jours au plus les 800 kilomètres qui sépareront Bordeaux de Paris; c'est admettre une vitesse de 27 kilomètres par jour. Un mois pour aller de Bordeaux à Paris, un mois et demi par suite pour aller de Marseille à Paris, c'est bien long et bien dangereux pour la conservation d'un grand nombre de marchandises !

On dit enfin que sur le canal de l'Est, aujourd'hui en construction et où s'accumulent tous les perfectionnements que peut désirer le commerce, la vitesse de circulation pourra être amenée à 40 kilomètres par vingt-quatre heures, *en temps de guerre* ; cette réserve permet de supposer que ce chiffre est un grand maximum difficile à atteindre.

Quoi qu'il en soit, on se tiendra très près de la vérité en concluant que la circulation est cinq fois moins rapide sur eau que sur rails, si l'on fait application aux transports par chemins de fer des délais légaux auxquels les Compagnies exploitantes sont tenues pour les marchandises voyageant aux prix des tarifs généraux.

Faut-il espérer que, dans l'avenir, il sera possible d'obtenir une plus grande vitesse sur les lignes d'eau artificielles, soit par l'application de la vapeur aux barques, soit par le secours de locomobiles, soit par le touage ? Ce serait se ménager une déception, dit avec raison M. Molinos, dans son ouvrage sur la navigation intérieure de la France, et le progrès à faire se limite à l'organisation du halage par chevaux ; or, il a été déjà dit que l'on pouvait arriver à la vitesse de 40 kilomètres ; 50 kilomètres marquent la limite du progrès. A cette limite, le prix du remorquage sera nécessairement supérieur au prix aujourd'hui payé et le canal perdra en économie, s'il gagne en vitesse.

Pour les chemins de fer, au contraire, des progrès ne sont-ils pas possibles et les délais de transport ne pourraient-ils au moins pour les fortes distances et dans certaines conditions, être réduits ? Ces chemins, il est permis de le croire, n'ont pas dit leur dernier mot comme instruments d'échanges.

§ 4. — Régularité de circulation.

Sur les voies d'eau, la régularité de circulation est loin d'être aussi grande que sur les voies ferrées.

En laissant de côté les chômages dus à l'insuffisance d'alimentation, les abaissements des plans d'eau produits par les sécheresses prolongées, inconvénients auxquels l'avenir pourra remédier dans une certaine mesure, il est incontestable que l'existence d'une cuvette remplie d'eau, sur 2 mètres de profondeur, entraînera toujours pour les canaux la nécessité de certains chômages. Cette eau, l'ennemie la plus acharnée des terrassements et des maçonneries, détermine souvent des incidents susceptibles d'occasionner des dommages considérables, s'ils ne sont pas combattus en temps utile : une racine, un modeste trou de taupe, peuvent amener la vidange d'un bief, la destruction d'une levée. Le chemin de fer est à l'abri de pareille éventualité.

Mais là n'est pas la seule cause d'irrégularité dans la circulation sur les canaux : les brouillards, les vents violents, les crues (1) des rivières qu'ils traversent souvent sont pour eux autant d'obstacles inconnus aux chemins de fer.

Les neiges sont une gêne pour la circulation sur les deux espèces de voies; toutefois, les chemins de fer en souffrent moins que les canaux; en effet, tant que leur épaisseur ne dépasse pas 15 à 20 centimètres, la locomotive peut rouler, tandis que le halage s'arrête.

Mais la gelée, voilà un ennemi du canal que ne connaît pas le chemin de fer, et un ennemi d'autant plus redoutable que nul perfectionnement ne pourra le vaincre et que, au détriment de tous, il se montre précisément dans la saison où le besoin des grands transports se fait le plus sentir.

(1) (Conseil général des Ponts et Chaussées.) Les grandes crues de l'Oise arrêtent complétement chaque année, pendant un mois, la circulation sur la rivière canalisée, en aval de Janville et par suite sur la ligne entière. On voit chaque année plus de cinq cents bateaux stationner, en amont de Janville, sur le canal latéral à l'Oise et s'y accumuler, en attendant que l'état de la rivière leur permette de continuer leur route vers Paris ou vers Reims.

Les voies d'eau si importantes du Nord de la France sont interrompues, presque chaque année, et quelquefois pendant des mois entiers, par les glaces.

M. l'Ingénieur Graëff, dans son ouvrage sur la *Construction des canaux et des chemins de fer*, reconnaît : « qu'en France,
» en général, il est rare de voir les gelées durer, d'une manière
» continue, de façon à interrompre la navigation plus d'un mois
» ou six semaines. »

La Commission parlementaire d'enquête sur les chemins de fer et les voies de transport (Rapport n° 2,417, Assemblée nationale, 3 juin 1874) admet que : « sur la Scarpe et sur la
» Deule, les glaces interrompent la navigation pendant vingt
» jours chaque année. » Les canaux voisins subissent certainement le même sort.

A Paris, et d'après une statistique de 1806 à 1870, la moyenne des jours de gelée a été de quarante-six par an, et la moyenne des jours consécutifs où l'on a vu de la glace a varié de douze à seize. Pendant six ou sept jours par an, les glaces y interrompent la navigation.

Dans le Centre de la France, sur l'Yonne, la navigation est suspendue en moyenne dix-huit jours par an soit, par les crues, soit par les glaces. Sur le canal du Centre, d'après le Rapport n° 1,965 de la même Commission : « les chômages dus aux
» glaces, de 1852 à 1872, ont eu une durée moyenne qui n'est
» pas inférieure à un mois ; » l'altitude du bief de partage est de 301^m 18 ; celles des embouchures dans la Saône et dans la Loire sont de 170^m 63 et de 76^m 61. Sur les canaux du Berry, de Briare et du Loing, les chômages qui, une année, devaient cesser au mois de septembre, ont été prolongés si tard que les bateaux attendant la réouverture ont été supris par les glaces et n'ont pu arriver à Paris qu'au commencement de février : leur voyage avait duré cinq mois !

Enfin, dans le Midi de la France, la grande ligne du Languedoc a son bief de partage à la faible altitude de 189 mètres, et cependant la circulation s'y est trouvée interrompue du fait des glaces, pendant quinze jours en 1876, et pendant cinquante-deux jours en 1879. Aux mêmes époques, pour la même cause, les chômages ont duré cinq jours, et cinquante-deux jours sur le canal latéral à la Garonne qui traverse cependant un pays chaud et bas, puisqu'à Toulouse il est à l'altitude de 125 mètres et à Castets, son embouchure dans la Garonne, à 23 mètres environ.

La température baissant de 1 degré centigrade par 166 mètres d'élévation au-dessus du niveau de la mer, on devine combien est facile et fréquente la congélation de biefs établis à l'altitude :

De 378 mètres pour le bief de partage du canal de Bourgogne ;

De 361 mètres pour le bief de partage de Girancourt (canal de l'Est) :

De 350 mètres pour le bief de partage du canal du Rhône au Rhin ;

De 313 mètres pour le bief de partage du canal du Centre :

De 261 mètres pour le bief de partage du canal du Nivernais ;

De 208 mètres pour la descente du canal de l'Est dans la Saône, à Port-sur-Saône.

Un canal projeté dans la Haute-Loire, celui de Roanne à Saint-Rambert, doit avoir son bief de partage à l'altitude de 436 mètres ; un autre, indiqué entre Libourne et la Loire, aurait son bief de partage voisin de la cote de 700 mètres : s'ils s'exécutent, les interruptions, pour cause de froids continus, y seront évidemment nombreuses.

Cette infirmité des canaux enlève à ces voies une grande partie de leur valeur, non-seulement au point de vue commercial, mais encore au point de vue de la défense nationale : il faut en tenir compte, surtout pour la région de l'Est où, comme nous le répétons, d'après M. l'ingénieur Graëff, les interruptions dues aux glaces ont une durée de un mois à six semaines, et, d'une manière générale, éloigner les voies d'eau des pays montagneux.

Si ce principe venait à être oublié, le premier hiver un peu rigoureux montrerait, par la congélation des biefs, que le tempérament des canaux ne saurait s'accommoder des régions élevées et froides dans lesquelles on aurait eu l'imprudente hardiesse de les conduire.

§ 5. — Économie sur les frais de camionnage.

Les dépenses de camionnage sont d'autant plus faibles que le point de chargement ou de déchargement de la matière à transporter est en relation plus facile avec le lieu qui l'a produite ou qui doit la consommer.

La réduction de ces dépenses peut être obtenue par divers moyens.

1° Expédition et livraison de la marchandise sur tous les points du parcours.

Le rapport, déposé en séance du 26 juillet 1879, par la Commission du Sénat chargée d'examiner le projet de loi adopté par la Chambre des Députés sur les voies navigables, s'exprime ainsi :

« Il est à souhaiter que le chargement et le déchargement des
» marchandises puissent être pratiqués sur tous les points où le
» stationnement des bateaux ne fait pas obstacle à la naviga-
» tion. »

Ce souhait avait été en quelque sorte formulé par la Commission d'enquête sur les voies de transport : on lit en effet, dans l'un de ses rapports en date du 8 juin 1872 :

« Le canal offre l'avantage notable d'être accessible sur tous
» les points de son parcours. »

La possibilité de charger et de décharger, sur tous les points du parcours d'un canal, est réelle, et sans aucun doute il faut en profiter; mais peut-elle avoir dans la pratique une importance très grande et constituer un avantage bien sérieux en faveur des canaux? il est permis d'en douter.

Les colis légers, facilement maniables, sont seuls appelés à en user, car, en cours de route, toute opération de chargement ou de déchargement sur la berge doit pouvoir se faire à bras d'homme et en quelque sorte sans outils. Si les marchandises affluaient en quantité notable sur un point quelconque, l'État, animé comme il l'est aujourd'hui du désir de faciliter la circulation sur les voies d'eau, y créerait certainement un port et le munirait des engins nécessaires à leur manutention.

Mais, au lieu d'un canal, mettons un chemin de fer : la Compagnie exploitante constate que le camionnage jusqu'à l'une des stations voisines, distante de 3 ou 4 kilomètres au plus, est une charge trop lourde pour de nombreux colis : hésitera-t-elle à installer une halte pour marchandises? certainement non ! la pratique constante des chemins de fer le prouve.

On peut donc dire, avec vérité, qu'il y a parité ou au moins quasi-parité entre les deux natures de voies, pour la commodité des chargements ou déchargements dans l'intervalle qui sépare les ports ou les stations.

2° Embranchements.

Le vœu formulé par le rapporteur du Sénat ne touche qu'à un petit côté de la question de réduction des frais dont est grevée la marchandise, entre son point de production ou de consommation et la voie de transport.

Entrons davantage dans la question, et nous reconnaîtrons à la voie ferrée de nouveaux avantages sur la voie d'eau.

On a vu, en effet, que le chemin de fer est dans son établissement plus souple que le canal ; son tracé général peut donc se rapprocher beaucoup plus que celui du canal d'une localité industrielle, — d'où réduction du camionnage. Cette localité a-t-elle quelque importance ? si les rails ne peuvent arriver à la desservir directement, un embranchement à fortes déclivités, à fortes courbures, si cela est nécessaire, est lancé vers elle, et le camionnage est réalisé dans les conditions les moins onéreuses. De plus, les manutentions de toutes sortes peuvent alors se faire dans l'usine, et c'est un avantage très recherché par l'industrie. Aujourd'hui une grande quantité des ces embranchements et même une quarantaine de chemins de fer, dits industriels, sont soudés au réseau national et fonctionnent à la satisfaction de tous.

Avec un canal, pareil résultat n'est réalisable que si le bief voisin de l'usine peut être prolongé jusqu'à ses portes, c'est-à-dire si l'usine est placée sur le même plan horizontal que le bief ou si des écluses peuvent être établies entre elle et le canal, situations probablement fort rares. Reste la ressource de rails entre l'usine et la voie d'eau ; mais, même avec ce moyen terme, une opération additionnelle de chargement ou de déchargement est nécessaire sur la berge ; néanmoins, les frais pouvant être ainsi amoindris, des considérations d'économie ont fait établir, depuis 1845, une dizaine de ces chemins de fer, ayant une longueur totale de 10 kilomètres.

§ 6. — Liberté de circulation.

Le rapport de la Commission d'enquête parlementaire prend acte d'une situation propre aux canaux :

« Le canal appartient aux riverains, aux expéditeurs grands et » petits, à l'ouvrier, au paysan comme au puissant industriel.

» Chacun peut y installer son matériel et y effectuer ses trans-
» ports. »

Cette qualité du canal d'être la propriété de tous riverains, de
tous expéditeurs qui peuvent y circuler à l'aide d'un matériel et
d'un moteur peu coûteux, est plus spécieuse que réelle et fait
songer aux terrains communaux, aux biens nationaux ; eux
aussi appartiennent aux voisins, aux habitants grands et petits,
à l'ouvrier, au paysan comme au grand seigneur ; leur culture
serait rémunératrice : qu'arrive-t-il cependant ? personne ne
s'occupe de leur mise en valeur, et, quand on traverse un pays,
on voit immédiatement où finit le communal et où commence
la terre sur laquelle un seul a des droits.

C'est précisément cette situation qui a retardé le moment où
les canaux seront outillés comme le sont les chemins de fer ;
c'est elle qui, souvent, a fait tomber les transports entre les
mains d'une batellerie n'offrant aucune responsabilité : ils
s'effectuent à la grâce de Dieu et à la volonté du patron qui
livre la marchandise quand il peut, quand il veut, et cela
impunément, parce que là où il n'y a rien, le destinataire perd
ses droits. C'est elle encore qui fait que, sur les voies d'eau,
les avaries sont en quelque sorte toujours laissées à la charge
de la marchandise, et qui empêche l'organisation des camion-
nages, des réexpéditions par les soins du transporteur, la
pratique des débours, la délivrance aux expéditeurs des certi-
ficats de remise des colis, opérations usitées sur les chemins
de fer et d'une très grande utilité pour le crédit : c'est elle,
enfin, qui transforme l'ordre en désordre. Un rapport de la
même Commission parlementaire contient, à ce sujet, un expli-
cite aveu :

« Sur les canaux du Nord, dit-il, on avait autrefois constitué
» des entreprises de halage et l'on s'en était bien trouvé ; depuis,
» et au nom de la liberté des transactions, on a cru devoir

» supprimer ces entreprises. La liberté des marins est sauvée,
» mais leur service reste lent et dispendieux. »

Certainement l'état actuel des choses s'améliorera, mais il
faudra toujours compter avec le droit de tous à user des
canaux.

Les voies de fer n'ont pas à envier aux voies d'eau une telle
situation.

§ 7. — Encombrements.

Le Rapport de la Commission d'enquête parlementaire sur les
voies de transport, en date du 13 juin 1874, s'exprime ainsi :

« Les encombrements périodiques sur certaines lignes de
» chemins de fer sont toujours produits par l'insuffisance des
» moyens de transports pour les marchandises à la tonne. La
» petite vitesse est le côté faible des chemins de fer, celui auquel
» il faut, dans l'intérêt général, venir en aide. Les canaux et
» rivières canalisées ont une puissance de transport presqu'indé-
» finie, et peuvent, dans un moment donné, faire face aux plus
» sérieux encombrements et les dissiper. »

Cette infériorité des rails est-elle réelle ?

Examinons cette question, d'abord, au point de vue de la
puissance de transport des chemins de fer et de leur matériel
roulant; nous rechercherons ensuite ce qui se passe sur les
canaux.

1° Puissance de transport des chemins de fer.

Sur les parties du réseau français où le trafic est le plus considérable, on compte, par vingt-quatre heures et dans chaque
sens, le nombre de trains suivant :

Sur le chemin d'Orléans, entre Paris et Brétigny (31 kilom.
2 voies), 74 trains ;

Sur le chemin de l'Est, entre Paris et Épernay (141 kilom. 2 voies), 53 trains; entre Paris et Lagny (27 kilom. 2 voies), 86 trains; entre Paris et Noisy (9 kilom. 2 voies), 146 trains;

Sur le chemin de Lyon, sur la section de Paris à Fontainebleau (75 kilom. 2 voies), 67 trains;

Sur le chemin de l'Ouest, de Paris à Mantes (57 kilom. 2 voies), 106 trains; sur le parcours de Paris à Asnières (4 kilom. 4 voies), 238 trains;

Sur le chemin du Nord, entre Paris et Creil, par Chantilly (50 kilom. 2 voies), 99 trains; sur la section de Paris à Creil par Pontoise (67 kilom. 2 voies), 62 trains; sur la section de Paris à Saint-Denis (6 kilom. 4 voies), 213 trains.

Avec ces trains, tout le trafic présenté chaque jour aux gares est incontestablement enlevé; si leur nombre n'était pas assez considérable, il serait aisément augmenté, soit en amenant le mouvement sur les deux voies à égaler celui de certaines lignes anglaises exceptionnellement chargées, soit en ajoutant deux nouvelles voies aux voies actuelles, système en vigueur déjà sur les parcours de Paris à Saint-Denis et de Paris à Asnières.

Mais cette dernière solution ne paraît devoir s'imposer qu'après un accroissement très considérable du trafic, et même alors dans des proportions fort restreintes. Le trafic sur l'ensemble des lignes de la France n'exige pas, en effet, une moyenne de plus de vingt-deux à vingt-quatre trains quotidiens, c'est-à-dire un mouvement très facile à réaliser.

Ce ne sont donc pas les rails qui manquent au trafic; c'est bien plutôt le trafic qui manque aux rails, comme il manque d'ailleurs à la grande majorité des canaux, et comme il manquerait davantage encore, si l'une de ces voies venait se placer à côté de l'autre.

Comment les canaux pourraient-ils avoir sur les rails l'avantage « d'une puissance de transport presque indéfinie? »

L'intervalle à maintenir entre deux trains qui se suivent limite évidemment, sur les chemins de fer, le nombre des trains mis en route; mais plus étroites encore sont les bornes mises à la circulation sur les canaux. En effet, du moment qu'une écluse se trouve sur le parcours, ces dernières voies ne peuvent débiter que ce que débite l'écluse, c'est-à-dire, en supposant les bateaux du plus fort tonnage, un chargement de 300 tonnes au plus par demi-heure au moins. Or, toutes les quinze, toutes les dix minutes, si cela est nécessaire, un chemin de fer peut lancer un train remorquant une charge utile de 300 à 1,000 tonnes; il peut en outre fonctionner ainsi pendant vingt-quatre heures, tandis que dans des cas et à des prix exceptionnels seulement, le batelier consent à allonger sa journée, qui est habituellement de dix heures.

Un mot de plus pour vider cette question.

Les voies navigables les plus chargées en marchandises, celles dont le mouvement annuel dépasse un million de tonnes sur tout leur parcours, sont :

L'Oise, entre Janville et la Seine : longueur, 105 kilomètres; tonnage, 1,351.000 tonnes;

La Seine, entre l'Oise et l'embouchure du canal Saint-Denis : longueur, 42 kilomètres; tonnage, 1,656,000 tonnes;

La Seine, entre l'embouchure du canal Saint-Denis et le pont de la Concorde : longueur, 26 kilomètres; tonnage, 1,002,000 tonnes;

Le canal de Saint-Quentin : longueur, 93 kilomètres; tonnage, 1,686,000 tonnes;

Le canal de l'Oise et de Manicamp : longueur, 34 kilomètres; tonnage, 1,855,000 tonnes.

Les chemins de fer dont le trafic en marchandises dépasse un million de tonnes par an, sont :

Le chemin de Paris à Rouen : longueur, 136 kilomètres; tonnage, 1.200,000 tonnes;

Le chemin de Paris à Lyon : longueur, 512 kilomètres ; tonnage, 1,510,000 tonnes ;

Le chemin d'Amiens à Lille : longueur, 119 kilomètres ; tonnage, 1,352,000 tonnes ;

Le chemin de Paris à Valenciennes : longueur, 250 kilomètres ; tonnage, 1,618,000 tonnes ;

Le chemin de Paris à Amiens : longueur 131 kilomètres ; tonnage, 1,751,000 tonnes ;

Le chemin de Lyon à Marseille : longueur, 352 kilomètres ; tonnage, 2,710,000 tonnes ;

Le chemin de Saint-Étienne à Givors : longueur, 58 kilomètres ; tonnage, 2,746,000 tonnes.

Cet exposé démontre que, dans la pratique, le rail écoule une plus grande quantité de marchandises que le canal. Nous pouvons ajouter qu'il l'écoule avec plus d'ordre, et nous citerons, comme preuve, le contraste qui existe entre le mouvement de la flottille à Manicamp et celui des trains à Tarascon-Beaucaire : l'ordre règne dans la gare, et la confusion dans le port.

2° *Matériel roulant.*

Est-ce donc le matériel roulant des chemins de fer qui est insuffisant ?

Si, chaque jour, une Compagnie de chemins de fer avait à opérer à peu près sur les mêmes quantités de marchandises, son œuvre serait bien simplifiée et les transports pourraient se faire à des prix moins élevés que ceux aujourd'hui pratiqués ; mais il est loin d'en être ainsi. Les transports doublent quelquefois d'un mois à l'autre ; pendant des saisons entières, les wagons sont en nombre trop considérable pour le travail à faire et séjournent à vide, en longues files, sur de longues voies, construites à grands frais pour les remiser ; à d'autres moments, au contraire, tout ce matériel est en mouvement et le trafic suit une marche régulière. Mais, que les grains manquant, des vents favorables amènent dans nos ports toute une flotte chargée de blés; qu'une nuit froide ayant gelé un vignoble, les caves des autres pays producteurs de vins trouvent une belle occasion pour se vider, tout le commerce s'agite; chaque vendeur veut arriver avant son voisin et entasse dans les gares de départ le produit qui l'intéresse. Le plus souvent, la crise se passe sans graves incidents; mais quelquefois il advient que les destinataires aidés par les camionneurs ordinaires, aidés même par le camionnage militaire, ne pouvant suffire aux arrivages, les marchandises ne sont plus déchargées. Dès lors, les wagons s'ajoutent aux wagons sur les voies accessibles ou non accessibles aux charrettes; ils se mêlent complétement et leur livraison deviendrait, sinon impossible, du moins très difficile, sans les mesures spéciales prises par les Compagnies exploitantes. Elles agissent, en pareille occurrence, comme l'autorité publique dans une rue encombrée : toute nouvelle entrée de marchandises dans les gares est interdite; la partie encombrée est vidée avec ordre, non sans dépenses ni efforts, mais du moins sans que le commerce ait beaucoup à souffrir d'une situation dont cependant il est en réalité responsable.

Pour éviter de pareilles situations, faudrait-il que les divers réseaux, dont l'installation suffit déjà largement au mouvement maximum, s'organisassent pour parer aux crises, aux sortes de paniques qui créent sur leurs rails un trafic excessif et tout à fait passager? Ce serait leur imposer plus qu'on ne demande aux administrations publiques, à la poste, au télégraphe, plus qu'on n'exige des camionneurs, des rouliers, des bateliers, et dans tous les cas ce serait tourner le dos à la réduction des prix de transports réclamée par tant d'intérêts de toutes sortes.

D'ailleurs, ces périodes d'encombrement sont très exceptionnelles. La seule qu'on puisse réellement citer date des mois qui suivirent immédiatement la guerre de 1870-1871. Depuis lors, aucun trouble n'a été signalé. A cette époque même, les transporteurs ont-ils apporté quelque négligence dans leur service ? Il n'est pas possible de faire à cette question une réponse plus satisfaisante que celle fournie par le rapport (Assemblée Nationale, 5 janvier 1872) de la Commission parlementaire chargée de faire une enquête sur l'état des gares de Paris.

En voici un extrait :

« L'encombrement des voies est dû à des raisons plus fortes » que la volonté et la prévoyance humaines.

» ..... La principale cause de l'encombrement tient d'abord au » manque de matériel... un nombre très considérable de wagons » étaient retenus par les Allemands, d'autres avaient été détruits » ou détériorés ; beaucoup (1) étaient employés au rapatriement » de nos soldats prisonniers. Ensuite, à ce même moment, » d'immenses quantités de marchandises étaient présentées dans » les gares.

» ..... La spéculation a amené aussi de grandes perturbations » et des accumulations considérables de marchandises dans une » même localité.

» Enfin, les transports de céréales, par suite de la mauvaise » récolte, sont venus encore ajouter à tous ces embarras.

» On doit rendre cette justice aux Compagnies, qu'elles ont mis » une activité très grande, dans leur service, puisqu'elles ont » transporté 30 p. 100 de plus que les années précédentes. »

Ce rapport en dit assez pour qu'il n'y ait pas lieu d'insister sur le rôle des voies ferrées pendant la crise qui a suivi nos guerres. Il faut cependant constater qu'à cette occasion le matériel roulant fut très rapidement porté de 120.000 à 132,000 wagons, et ainsi augmenté de 12,000 véhicules qui, avec leurs

(1) Leur nombre s'élevait à 5,000.

locomotives et les voies nécessaires pour les entreposer, ont coûté 32 millions.

Aujourd'hui, le nombre des véhicules est encore plus consirable : à la fin de 1877, les six grands réseaux possédaient :

Wagons à marchandises.	159.372	
Wagons de service	5.450	184.616ᵛ
Voitures à voyageurs.	13.586	
Locomotives.	6.208	
Les petites Compagnies avaient à la même époque	7.569	
Total.	192.185ᵛ	

pour l'ensemble des grandes et des petites Compagnies constituant les 20,064 kilomètres de chemins de fer en exploitation à cette époque.

3° *Encombrements sur les canaux.*

Pendant que cette crise existait sur les voies ferrées, tout marchait-il régulièrement sur les canaux, susceptibles pourtant d'après la Commission des transports (Rapport 2,174, Assemblée Nationale, 13 juin 1874) de « faire face aux plus sérieux » encombrements, de les dissiper, tout en transportant à des prix » très bas, et sur lesquels la voie est libre, le matériel flottant » peu coûteux, soit à acheter, soit à construire ; où l'éducation » pratique d'un marinier est facile à faire » ? L'encombrement s'y fit sentir également.

Certainement, à cette occasion, de vieux bateaux furent mis en réparation et contribuèrent dans une certaine mesure à activer les transports ; mais, malgré la faible dépense à faire et le peu de temps nécessaire pour former un marin, alla-t-on au delà et augmenta-t-on d'une manière sensible le nombre de bateaux neufs et des mariniers ? Nous ne le pensons pas.

Les avantages résultant de la liberté de circulation sur les canaux et du prix minime du matériel flottant sont compensés, ainsi que cela a été déjà dit, par bien des inconvénients : dans leur nombre, il faut compter l'accaparement des transports par des patrons incapables le plus souvent de faire les avances d'argent nécessitées par les installations qu'entraîne un mouvement exceptionnel de marchandises ; tout au plus les bateliers consentent-ils à quelques sacrifices pécuniaires, lorsqu'ils jugent ce mouvement durable, mais ils ne risquent pas et ne peuvent risquer de capitaux pour un trafic passager.

§ 8. — Fixité des prix de transport.

Nous rencontrons et devons nécessairement rencontrer bien des fois, sur notre route, le travail de la Commission d'enquête nommée par l'Assemblée nationale pour étudier la question des transports. Nous n'acceptons pas toujours ses conclusions, et nous considérons comme un devoir de les combattre quand elles nous semblent inexactes, comme celles relatives à la fixité des prix de transport, par exemple.

Dans son rapport n° 2,474, cette Commission s'exprime, à ce sujet, de la manière suivante :

« Non-seulement les canaux peuvent faire office de modérateurs » par le bon marché, mais encore de régulateurs par la fixité de » leurs prix.

» Avec un canal, le relèvement subit des prix n'est pas à » craindre. Alors même que tous les mariniers d'une ligne se » mettraient en grève, ils ne pourraient opprimer leur clien- » tèle... Personnel et matériel seraient aisément remplacés et la » coalition rompue.

» Avec les chemins de fer, la Compagnie est maîtresse absolue

» du prix ; elle abaisse ses tarifs, s'il lui plaît de le faire, mais
» aussi elle les relève, si elle le juge convenable.

» Les bas prix promis ou accordés par les chemins de fer sont
» donc précaires et aléatoires, dépendent absolument du bon
» vouloir des Compagnies et n'ont pas cette fixité qui est néces-
» saire à la grande industrie. On comprend dès lors que l'agri-
» culture et l'industrie réclament l'établissement de canaux, par
» lesquels le bon marché est rendu stable et définitif.

» Les canaux peuvent donc seuls porter remède à la situation
» et donner satisfaction aux justes réclamations du commerce et
» de l'agriculture. »

Toutes ces affirmations, également inacceptables, tomberont
devant l'exposé des faits.

Occupons-nous d'abord des chemins de fer.

1° Fixité des prix sur les chemins de fer.

L'instabilité des prix de transports sur rails ne saurait soulever aucune plainte quand elle aboutit à une réduction de la
taxe ; bien certainement, personne ne regrette l'abaissement
de 1ᶜ6, c'est-à-dire, de 21 p. 100 qui s'est produit de 1855
à 1875 sur la taxe kilométrique moyenne de la tonne de marchandises et qui a eu pour résultat une économie annuelle de
125 millions pour le pays ; personne ne regrette davantage les
32 millions économisés annuellement par les voyageurs transportés. L'économie générale s'est ainsi élevée à 157 millions,
et cependant, durant ces vingt années, les chemins de fer n'ont
pas échappé aux accroissements de dépenses de toute nature
qui ont frappé presque toutes les industries et grevé, en même
temps, bien des éléments de leur propre exploitation.

Les modifications de tarifs amenant le relèvement des prix de transport soulèvent seuls des réclamations. Quel est le nombre, quelle est l'importance de ces modifications ?

Dans sa brochure sur l'exploitation des chemins de fer par l'État, M. Jacqmin, Directeur de la Compagnie de l'Est, rappelle que le Ministère des Travaux Publics : « établit dans un docu-» ment publié à la fin de 1877 que les modifications apportées » par les Compagnies à leurs tarifs ont presque toujours consacré » des abaissements et que à cent taxes réduites correspond à » peine une taxe relevée. » Les relèvements n'ont donc pas été nombreux : leur importance a même été très minime. Comment admettrait-on le contraire, en présence de la réduction de 21 p. 100 opérée sur les prix ?

La faculté qu'ont les Compagnies de se mouvoir dans les limites de leurs cahiers des charges et la crainte de voir appliquer, dans l'avenir, des tarifs autorisés par ces cahiers, mais jugés généralement excessifs, ne sont-elles pas la véritable cause des plaintes et des critiques contre les chemins de fer ?

Le passé devrait pourtant donner confiance dans une sage application des droits consentis aux Compagnies, en échange des obligations qui leur ont été imposées; le public devrait se convaincre en outre que les Compagnies de chemins de fer ont un intérêt propre à ne réclamer au trafic que les taxes qu'il peut supporter.

Voici sur cette question l'opinion d'un ancien Ministre des Travaux Publics, M. Rouher, qui en dehors des préoccupations politiques, a exposé la loi économique à laquelle les chemins de fer sont tenus d'obéir :

« La loi d'une Compagnie de chemin de fer intelligente, loi » obligatoire, impérieuse, c'est d'abaisser les tarifs pour déve-» lopper la zone de circulation, pour réveiller la marchandise de » son inertie. La marchandise lourde, pondéreuse, encombrante, » dans laquelle le prix de transport s'incorpore d'une manière

» dominante ne peut pas se déplacer avec un tarif élevé ; elle
» se consomme dans la localité..... Quand on vient dire qu'un
» chemin de fer a intérêt à augmenter ses tarifs, je crois qu'en
» économie politique c'est une erreur. » (Chambre des Députés,
9 mars 1876.)

Le public a d'ailleurs une garantie dans le droit qu'a l'État
de repousser tout relèvement abusif de taxe. Quand une Compagnie veut appliquer une taxe quelconque, que se passe-t-il,
en effet?

Cette taxe est d'abord soumise à son Conseil d'administration,
et, on peut le dire très haut, si ce Conseil a pour devoir de
sauvegarder les intérêts qui lui sont confiés, il se considère en
même temps comme obligé de ne rien faire qui lèse les intérêts
du pays. Si, après discussion, la taxe projetée est acceptée par
lui, le Ministère des Travaux Publics est saisi. La proposition,
soumise dès lors à un septuple contrôle, est successivement
examinée, par le public avisé au moyen d'affiches placardées dans
toutes les régions traversées par les réseaux intéressés, par les
Chambres de Commerce de France qui reçoivent à cette occasion
un bulletin spécial, par l'Inspecteur particulier du Contrôle de
l'Exploitation attaché au réseau, par l'Inspecteur principal, par
un Inspecteur général des Ponts et Chaussées, par les bureaux
du Ministère, par une Commission supérieure des tarifs, enfin par
le Ministre.

Si, après un tel passage au crible administratif, ce qui reste
sur l'étamine n'est pas parfait et ne tient pas équitablement
compte de tous les intérêts en jeu, il faut désespérer d'arriver
jamais au bien.

Malheureusement, avec ces multiples examens, la taxe ne peut
rapidement venir au jour et là est le seul inconvénient des
mesures protectrices prises à l'occasion de tout enfantement de
tarif. Un négociant qui réfléchirait pendant trois mois, avant

d'appliquer le prix qu'il aurait attribué lui-même à sa marchandise, nouerait assurément peu d'affaires et peut-être ne réussirait pas à en conclure une seule. L'excès d'administration réduit le caractère commercial des chemins de fer et c'est, incontestablement, pour tout le monde grand dommage.

Mais revenons à la taxe proposée : nous l'avons laissée sur la table ministérielle, prête à être acceptée ou refusée.

« Y a-t-il jamais eu un refus d'homologation ? » demande M. le Député Allain-Targé.

Dans la séance du 9 mars, rappelée plus haut, M. le Député Rouher a fait la réponse :

« Reposez-vous-en, dit-il, sur un Ministre vigilant ; il est armé
» suffisamment et non dans le sens de l'arbitraire, mais dans le
» sens du droit contractuel, du droit énergique des prérogatives
» du public.

» Le Ministre est le maître intelligent et sage, mais le maître
» des grandes Compagnies : il peut les amener à ce qu'il y a de
» raisonnable et de sensé, par une action ferme, continue, par
» des opérations de tous les jours.

» Il n'y a pas un Ministre qui, s'adressant à une grande Com-
» pagnie, lui disant : votre tarif est déraisonnable ; il émeut, il
» offense, il faut le modifier, trouve de la résistance.

» Toutes les fois qu'un Ministre s'est trouvé en face d'un tarif
» exorbitant, il a été en position de le réduire. »

2° Fixité des prix sur les canaux.

Sur les canaux les choses iraient tout autrement !

D'après la Commission parlementaire, les canaux peuvent remplir l'office de modérateurs par le bon marché, et aussi de régulateurs par la fixité de leurs prix.

Ils forcent les chemins de fer à baisser leurs taxes, c'est incontestable, mais ils n'ont pas trop à s'en glorifier : tout compte fait, si les canaux et les chemins de fer étaient encore à construire, ces derniers pourraient transporter les marchandises à des prix plus bas que les premiers; si aujourd'hui le contraire a lieu, c'est que le budget prend à son compte une forte partie des frais de transports sur eau et que la batellerie jouit d'une véritable subvention. (Chap. II, § 11, 2°).

Mais, à aucun point de vue, on ne saurait admettre que les voies d'eau soient des régulateurs par la fixité de leurs prix.

Après nos malheureuses guerres, les transports sur rails se sont faits aux tarifs habituellement appliqués, bien que le relèvement des taxes eût eu certainement pour résultat de réduire le trafic et d'éviter aux Compagnies de nombreux embarras; on pourrait croire, après lecture du Rapport 2,474. que les chemins de fer ne faisaient en agissant ainsi que suivre l'exemple des canaux; ce serait une erreur complète. « Le » relèvement des prix fut pratiqué sans l'ombre d'un scrupule » par les entreprises de navigation. » (JACQMIN : *Les Chemins de fer pendant la guerre.*)

Ces entreprises suivaient les errements du passé. Voici, en effet, d'après M. Jacqmin, ce qui se passait sur le Rhône avant la circulation des locomotives :

Les entreprises de navigation se sont toujours entendues pour fixer les prix de transport, et ces prix, qui ont varié pendant l'année 1853 de 17 à 90 fr. par tonne, ont été modifiés vingt-quatre fois. En 1854, ils ont varié de 18 à 70 fr., et ont changé dix-neuf fois. Pendant la crise des subsistances de l'hiver 1853-1854, les prix ont varié de 40 à 90 fr. par tonne. En 1856-1857, et dès que les chemins de fer prennent leur part dans les transports, les prix sont sur rails de 17 fr. 50 c.; ils tombent à 15 ou 16 fr. pour la navigation.

« Il est inutile, ajoute M. Jacqmin, de discuter de pareils
» résultats : la fixité des prix succède au caprice et à l'arbitraire,
» et les chemins de fer ne demandent que le cinquième du prix
» que les entreprises de navigation à vapeur n'avaient pas craint
» d'imposer au public pendant la disette : 17 fr. 50 c. au lieu de
» 90 francs. »

Et quelles sont aujourd'hui les habitudes des canaux ? quelles
étaient-elles, du moins, en 1877 ? Un passage d'une leçon faite
alors à l'École des ponts et chaussées (*Cours de navigation
intérieure*) fournira la réponse :

« Les prix exigés par le haleur à longs jours sont essentielle-
» ment variables ; ils varient quelquefois du simple au double.
» Le marinier qui s'est chargé de conduire un bateau pour le
» compte d'un patron. avec un salaire parfois insuffisant, trouve
» un profit illicite dans ces variations de prix qu'on ne peut ni
» prévoir ni contrôler. Les variations de fret qui en résultent
» détournent le commerce d'opérer ses transports par la voie
» d'eau. »

Il n'est donc pas exact de dire, avec la Commission parlementaire, que les entreprises de navigation, non-seulement ne
peuvent se coaliser, mais encore servent de régulateurs pour le
bon marché « et la fixité des prix de transport, si nécessaire à
» la grande industrie. »

§ 9. — Consommation de houille.

La Commission parlementaire, signalant la quantité de houille
consommée par les trains de marchandises sur les chemins de
fer (643.000 tonnes en 1867), se demande si, en présence de la
pauvreté des couches carbonifères de la France, il n'y a pas
intérêt à substituer. partout où cela sera possible sans accroître

les prix, les transports par eau aux transports sur rails. On exagère singulièrement cette pauvreté, nous le verrons. Mais voici d'abord les renseignements que donne (FIGUIER : *Année scientifique*, 1861) M. de Carnal, un des membres les plus distingués du corps des mines de Prusse, sur la quantité de houille répandue dans les diverses parties de la terre et sur sa consommation :

« La quantité de charbon exploitée sur la terre s'élevait, en
» 1857, à 125 millions de tonnes. En rapprochant ce chiffre de
» celui reconnu pour la surface des bassins houillers et de la
» puissance moyenne des couches de charbon, on peut dire
» hardiment que la terre fournira du charbon pour trente-six
» mille ans.

» La Prusse seule suffirait à la consommation du monde entier
» pendant neuf cents ans.

» Un ingénieur anglais a calculé que l'Angleterre seule
» pourrait fournir à la consommation de la houille, en Europe,
» pendant quatre mille ans.

» On voit que nous pouvons nous chauffer et dormir tran-
» quilles. »

En France que s'est-il passé et que se passe-t-il à l'occasion de la houille? les renseignements que nous avons pu réunir sur cette question sont groupés dans le tableau qui suit :

ANNÉES	PRODUITS INDIGÈNES	EXCÉDANT de l'importation sur l'exportation	CONSOMMATION	OBSERVATIONS
	T	T	T	
1820	1.100.000	255 000	1.355.000	Voir Jacqmin : *De l'exploitation des chemins de fer.*
1830	1.860.000	636.000	2.496.000	
1840	3.000.000	1.254.000	4.254.000	
1850	4.435.000	2.792.000	7.247.000	
1860	8.390.000	5.190.000	13.580.000	
1865	11.300.000	6.270.000	17.570.000	
1866	12.000.000	7.055.000	19.055.000	
1867	12.360.000	6.929.000	19.289.000	
1868	12.800.000	6.886.000	19.686.000	
1869	13.100.000	7.122.000	20.222.000	
1872	16.200.000	7.133.000	23.333.000	
1873	16.674.000	8.028.000	24.702.000	
1874	15.984.000	7.434.000	23.418.000	
1875	16.375.000	8.282.000	24.658.000	
1879	16.576.000	»	»	Houille et anthracite.
1880	18.857.000	»	»	Id. chiffre provisoire.

Il faut en conclure que, de 1872 à 1876, la consommation a atteint un chiffre à peu près constant qui ne paraît pas devoir être dépassé sensiblement avant longtemps, puisque la production des usines est en quelque sorte supérieure aux besoins. Or, a-t-on jamais prétendu qu'avec cette consommation les houillères fussent sur le point d'être épuisées, que leurs jours fussent comptés ? n'a-t-on pas plutôt acquis l'assurance que de nombreux gisements ne sont pas encore exploités ; que des couches s'étendant de Mauriac à Commentry, sur près de 100 kilomètres, affleurant le sol dans les Corbières, dans les Pyrénées, dans le Lot, l'Aveyron, la Vendée, sont en état de fournir des produits ? que des combustibles de qualité inférieure, délaissés jusqu'à ce jour, ont une notable importance ?

Il est donc possible de vivre avec l'assurance que la « manne de l'industrie » n'est pas sur le point de disparaître.

Et puisque on reproche aux chemins de fer la houille qu'ils consomment, il peut être bon de faire remarquer leur influence dans l'augmentation de la production de ce combustible en France.

Avant leur construction, c'est-à-dire sous le régime des canaux libres, non concurrencés, nullement gênés dans leur trafic, l'extraction de la houille ne dépassait guère chaque année 3 millions de tonnes. Dès que les wagons se sont mis à rouler, le mouvement a augmenté et a promptement doublé ; en trente ans, il a plus que quadruplé : leur arrivée dans les régions difficiles où se trouvent les mines a excité la production, et c'est ainsi que Ahun, Carmaux, Aubin, Graissessac, mettent chaque année à la disposition de l'industrie près d'un million de tonnes que nul canal n'irait chercher.

Il ne faut donc pas reprocher aux locomotives le combustible qu'elles brûlent ; il vaut mieux songer à la part qu'elles ont prise dans l'accroissement annuel de 15 millions de tonnes de houille constaté depuis 1840 et ne pas oublier que ce tonnage supplémentaire équivaut en quelque sorte à une création, par ces rails qui sont attaqués, puisque sans eux le combustible serait resté enfoui, sans valeur, dans le sein de la terre.

§ 10. — Création de forces motrices, irrigations, etc., par les canaux.

La question des avantages que présentent, sur les chemins de fer, les rivières navigables et les canaux « quand ils sont bien » alimentés » pour la constitution de forces motrices, pour les irrigations et pour la pisciculture, question traitée également par la Commission parlementaire, ne paraît pas nécessiter de

longs développements. Il suffit d'appeler l'attention sur l'irrégularité du régime des eaux, les chômages, la création de courants
dans les canaux, leur mise à sec. Certainement la création de
forces motrices n'est pas sans valeur, mais que chacun jette les
yeux autour de soi et dise ce que valent dans la pratique tous
les avantages qui viennent d'être énumérés.

Il n'y a pas lieu de s'arrêter non plus sur la question
d'augmentation de la richesse publique résultant des améliorations agricoles, des exploitations industrielles, etc., que fait
naître la création d'un canal ; les chemins de fer donnent, en effet,
des plus-values au moins équivalentes ; en outre, ils procurent
à l'État des revenus qui n'ont pas leurs pendants sur les canaux
et qui vont être examinés.

§ 11. — Revenus procurés à l'État.

1° *Par les Chemins de fer.*

Avant que leurs wagons soient mis en mouvement, les chemins
de fer ont des droits à payer au Trésor public ; dès qu'ils roulent,
les sommes qu'ils lui versent augmentent rapidement.

Les Compagnies ont à leur charge les contributions, les
patentes, les frais de contrôle, les droits de timbre. Leurs actions
et obligations sont grevées de droits de transmission, d'impôts
sur leurs revenus. Leur public doit supporter les frais de timbre,
des récépissés, et l'impôt sur les transports en grande vitesse
des voyageurs et des messageries. Sur toute perception faite
par la Compagnie, l'État perçoit, en vertu de la loi du 14 juillet
1855, un impôt du dixième, plus le double dixième de cet impôt,
plus encore, en vertu de la loi des finances du 16 septembre
1871, une taxe additionnelle du « prix actuel » c'est-à-dire du
prix comprenant à la fois la part des Compagnies et la part de

l'État ; cette taxe additionnelle porte donc même en partie sur l'ancien impôt. L'ensemble atteint une augmentation de 23,2 p. 100 : sur une somme de 123 fr. 20 c. payée par le public pour un parcours de grande vitesse, 100 fr. entrent dans les caisses de la Compagnie et 23 fr. 20 c. dans celles de l'État.

Ce n'est pas tout : l'État réalise encore des économies importantes par suite des transports gratuits ou à prix réduits qu'effectuent les chemins de fer pour ses divers Ministères : transports gratuits pour le Ministère des postes et télégraphes, transports à prix réduits des militaires et marins, etc.

Dans son discours au Sénat, le 10 mai 1878, M. Caillaux portait à 200 millions le chiffre annuel des recettes perçues et des économies réalisées par le gouvernement (1), y compris 67 millions provenant du seul impôt sur la grande vitesse. En 1866, ce chiffre annuel s'élevait, d'après M. Jacqmin (*Cours d'exploitation à l'École des ponts et chaussées*) à 6,140 fr. par kilomètre, sur la ligne de l'Est dont la recette kilométrique était de 36,000 fr. En 1877, il était sur le réseau du Nord de 26 millions 710,000 fr. (non compris l'impôt de la petite vitesse) c'est-à-dire de 14,000 fr. par kilomètre pour une recette de 64.000 fr.; c'est à peu près l'équivalent, comme l'a fait remarquer M. le Président du Conseil de cette Compagnie, et comme, devant de semblables résultats propres au réseau qu'il administre, l'avait déjà fait remarquer, dès 1868, M. le Président de la Compagnie du Midi, de ce qui revient aux actionnaires comme intérêts et dividende! Et ce chiffre est appelé à s'accroître encore; les lignes nouvelles apporteront, en effet, de nouveaux profits à l'État en même temps qu'elles amèneront, à moins de circonstances tout à fait exceptionnelles, la réduction des bénéfices

---

(1) Pendant l'année 1879 le chiffre des profits procurés à l'État a atteint 225 millions 557,159 fr. : l'impôt sur la grande vitesse y figure pour 74 millions 546,279 francs.

de leurs actionnaires par suite des insuffisances auxquelles conduira leur exploitation !

Toutes les fois que ces profits réalisés par l'État sont mis en évidence, on ne manque pas de rappeler que les Compagnies ont reçu des subventions en échange des charges dont elles sont grevées. L'observation est fondée; mais comme les droits et impôts payés à l'État, et les économies réalisées par lui correspondent à un intérêt de 15 à 17 p. 100 du montant des subventions accordées, on reconnaîtra que ces sommes représentent des placements à un taux exceptionnellement élevé et sont très rapidement amorties.

2° *Par les canaux.*

Tout autre est la situation des canaux.

Sur ces voies, en effet, les revenus spéciaux procurés à l'État, proviennent seulement du droit de navigation, impôt tellement minime qu'il n'arrive pas même à couvrir les frais de l'entretien des ouvrages. En 1847, ce droit s'élevait en moyenne à 0^f 0064; il descendait à 0,0048 en 1859, et à 0,0026 en 1861; un décret du 9 février 1857 l'a fixé à 0^f 005 pour les marchandises de première classe et à 0,002 pour celles de deuxième classe. Il a été de 0^f 0022 en 1868 et n'a produit net que 3 millions de francs. (Rapport 1,206 de la Commission d'enquête). Donc, comme l'entretien des voies d'eau artificielles coûte au budget 5 millions 400,000 fr. (même Rapport, page 16), on peut dire que, sans profit pour le commerce qui, à la suite de la réduction du droit, n'a pas été amené à augmenter ses échanges, un déficit de 2 millions 400,000 fr. est, chaque année, comblé par l'impôt public, dont fait partie l'impôt prélevé sur la circulation en chemins de fer. Ce complément s'ajoute aux intérêts du capital de construction pour constituer en faveur de la batellerie et de tous ceux qui usent des canaux une large subvention à laquelle contribuent notamment les voyageurs et expéditeurs en grande vitesse par chemins de fer. En un mot, les chemins de fer engraissent le budget et les canaux en vivent.

Quelque faible qu'il fut, le droit de navigation a paru trop élevé; mais au lieu de le modifier en en proportionnant plus exactement l'importance à la valeur de la marchandise, comme cela a lieu, par exemple, sur les voies ferrées en France ou sur les voies d'eau américaines, une solution plus radicale est intervenue: profitant d'excédants budgétaires, les chambres ont supprimé tout péage sur les canaux administrés par l'État.

Nous supposerons néammoins, dans tout ce qui va suivre, que les droits de navigation continuent à être perçus et que, de ce chef, l'État rentre, à raison de $0^f 0022$ par tonne kilométrique empruntant la voie d'eau, dans les dépenses de construction et d'exploitation de ses canaux, auxquels notre hypothèse est évidemment toute favorable.

Espérons, en présence de cette suppression, que la question des frais de timbre de récépissé des marchandises voyageant en petite vitesse sur les chemins de fer et des impôts établis sur la grande vitesse, en vertu de la loi des finances de 1871, sera reprise, et qu'il sera permis tout au moins de revenir, en ce qui touche aux impôts sur les voies ferrées, à la situation antérieure à l'année 1870.

§ 12. — **Prix des matériels d'exploitation.**

On fait valoir en faveur des canaux que le matériel propre à leur exploitation est beaucoup moins coûteux que celui des chemins de fer. On a raison. On ajoute qu'un wagon pouvant contenir 10 tonnes coûte moitié d'un bateau en portant 200 ; pour

3,000 fr. on charge 10 tonnes sur rails, pour 6,000 fr. on en charge 200 sur l'eau.

Faut-il en conclure que l'abri coûte par tonne, dans le second cas, dix fois moins que dans le premier ?

Les véhicules, quels qu'ils soient, sont faits non pour fournir un abri stable, mais bien pour fournir un abri mobile. Il faut les comparer lorsqu'ils remplissent leurs fonctions.

Or, d'une part, un wagon d'une activité ordinaire, estimé 4,000 fr. avec la part de locomotive qui lui correspond, transporte en moyenne chaque année 50,000 tonnes à 1 kilomètre : la tonne kilométrique exige donc un capital de 8 centimes en matériel roulant. D'autre part, sur une ligne à grande navigation, comme celle de Mons à Paris, dont la longueur est de 324 kilomètres, un bateau transporte 200 tonnes par voyage et fait trois voyages par an ; il produit donc 194,400 tonnes kilométriques, et comme il coûte 6,000 fr., le capital consacré au matériel flottant ressort à 3° 08 par tonne à 1 kilomètre. C'est, approximativement, la moitié du prix ressortant de l'emploi du véhicule sur rails. A ce point de vue, l'avantage de la batellerie est donc incontestable.

Mais il faut ajouter que l'emploi du wagon présente des compensations : toutes les industries n'ont pas besoin, en effet, de recevoir, le même jour, la forte charge d'un bateau ; une pareille quantité de marchandise survenant à la fois constituerait pour beaucoup d'usines, non-seulement une difficulté de déchargement, mais encore un stock coûteux, encombrant, pour lequel il faudrait la plupart du temps acquérir du terrain. Bien plus souvent l'industrie a besoin, chaque jour, de 10 tonnes, 20 tonnes de marchandises. Ces petites livraisons sont bien difficiles quand les transports se font par barques de 200 ou 300 tonnes. Le wagon est incontestablement le véhicule commode entre tous : propre, en effet, aux approvisionnements par grandes masses, il sé prète également à ceux par petites quantités, et cette faculté est un nouvel exemple de la facilité, souvent constatée déjà, avec laquelle il vient en aide à tous les besoins du public.

CHAPITRE III

COMPARAISON ENTRE LES CANAUX ET LES CHEMINS DE FER
AU POINT DE VUE
DES DÉPENSES DE PREMIER ÉTABLISSEMENT

§ 1. — Dépenses de premier établissement.

Dans les comparaisons faites jusqu'à ce jour entre les chemins
de fer et les canaux, on a beaucoup discuté sur les dépenses
de construction des uns et des autres. C'est effectivement un
élément important, et lorsqu'il s'agit de choisir entre le rail et
la voie d'eau, il faut en tenir grand compte.

Quel est le coût respectif de leur établissement ?

1° Prix adoptés dans la discussion, jusqu'à ce jour.

Le Rapport n° 2,474 de la Commission d'enquête sur les transports, annexé au procès-verbal de la séance de l'Assemblée
nationale, en date du 13 juin 1874, raisonne sur deux chiffres :
l'un de 442,951 fr., admis comme représentant le coût moyen de
l'un des 15,657 kilomètres de chemins de fer exploités à la fin de

1867, et l'autre de 180,000 fr. au plus, pour le kilomètre de voies navigables, canaux et rivières.

« Les voies navigables ne coûtent pas toujours 180,000 fr. », dit ce rapport ; « on peut souvent en construire à un moindre » prix, surtout en rivière ; quelquefois aussi elles coûtent plus » cher. »

« Le coût moyen des canaux construits en France », dit le Rapport n° 1,568 de la même Commission, « est actuellement de » 180,000 francs. »

L'exposé des motifs, joint au projet de loi sur les voies navigables présenté à la Chambre des Députés le 4 novembre 1878, par M. de Freycinet, Ministre des Travaux Publics, affirme que « le » prix de construction des canaux est, en général, inférieur par » kilomètre à celui des chemins de fer. »

Enfin, dans un mémoire présenté à la Société des Ingénieurs civils par M. Ch. Cotard, sous le titre *Étude sur la question des voies navigables*, les prix mis en comparaison, pour arriver à résoudre le problème d'avenir entre les deux modes de transport, sont celui de 445,000 fr., comme coût moyen du kilomètre de chemin de fer, tel que le donnent les résultats connus à la fin de 1876, ou de 462,000 fr. fin 1879, et celui de 125,000 fr. représentant le coût moyen du kilomètre actuel de voies navigables de toute nature, ou de 165,000 fr. pour les mêmes voies amenées à l'état de perfection et d'unification défini par la loi du 5 août 1879. Ces derniers chiffres supposent une dépense kilométrique de 165,300 fr. pour les canaux proprement dits, tels que le passé les a légués, et de 205,300 fr., même de 250,000 fr., comme grand maximum suffisant, pour les canaux perfectionnés.

Ces deux chiffres de 205,300 fr. et de 445,000 fr. « justifient », dit l'auteur, « l'opinion émise par M. Graëff, Inspecteur général » des Ponts et Chaussées, que la dépense d'un chemin de fer est

» à la dépense d'un canal construit dans les mêmes conditions,
» dans le rapport de trois à deux au moins, et cela sans compter
» la dépense du matériel roulant, qui augmente notablement
» cette proportion. »

Ces assertions diverses appellent bien des observations.

A. *Chemins de fer*.

Très probablement le chiffre de 145,000 fr. est bien celui qu'il
faut appliquer à la moyenne des :

20.284^k
- 9.513 kilomètres de chemins de fer de l'ancien réseau.
- 8.801 kilomètres de chemins de fer du nouveau réseau.
- 20 kilomètres de chemins de fer de ceinture (rive droite).
- 1.950 kilomètres de chemins de fer de Compagnies diverses,

exploités au 31 décembre 1876; mais est-ce celui à adopter
dans les questions de parallélisme entre les chemins de fer et
les canaux? est-ce celui des dépenses auxquelles s'élèveront les
chemins à construire dorénavant? Non, sans aucun doute.

Ce chiffre est, en effet, lourdement chargé par l'installation
coûteuse de l'ancien réseau, établi comme on le croyait alors
indispensable, avec de très faibles déclivités, avec de grandes
courbes et avec le plus grand nombre possible d'alignements
rectilignes, bien que les tracés pénètrent jusqu'au milieu des
populations et franchissent les chaînes de montagnes séparant
les divers bassins de la France; il est chargé par des constructions
grandioses de gares couvrant des 50, 80, 100 hectares, renfer-
mant des 30, 50, 80 kilomètres de voies, et se prêtant à un

revenu moyen de 70,000 fr. par kilomètre ; il est chargé par l'établissement de doubles voies (40 p. 100), et s'il ne comprend pas toujours les dépenses de quatre files de rails, il comprend le plus souvent celles des acquisitions de terrains et l'exécution des travaux d'art pour deux voies ; il est encore chargé par des insuffisances d'exploitation, par des intérêts payés, par exemple, jusqu'à concurrence de 96,000 fr. par kilomètre, sur 2,000 kilomètres, à 400,000 fr. l'un, du réseau d'Orléans (Sénat, 9 et 10 mai 1878), et d'une manière générale, jusqu'à concurrence de 60 à 70,000 fr. par kilomètre du nouveau réseau des grandes Compagnies usant de la garantie de l'État (Sénat, 12 juillet 1879) ; il est enfin chargé par les dépenses des matériels fixe et roulant que nécessitent les recettes de 70,000 fr., plus haut citées, sur l'ancien réseau, et de 21,500 fr. par kilomètre sur le nouveau. En un mot, le chiffre de 445,000 fr. est le chiffre du passé, des grands besoins satisfaits, celui des chemins de fer à leur début ; tandis que ce qu'il faut chercher aujourd'hui, c'est le chiffre de l'avenir, celui des dépenses à effectuer pour les besoins bien plus restreints restant à satisfaire, celui des chemins de fer profitant des progrès réalisables par suite du perfectionnement des locomotives.

B. Canaux.

Les prix de 165,300 et de 250,000 fr. cités comme coût du kilomètre de canal sont-ils admissibles pour l'avenir ? d'où viennent ces chiffres ?

Très vraisemblablement, ils ont pour origine le document fourni par le rapport n° 1,206 de la Commission d'enquête, document emprunté d'ailleurs aux archives du Ministère des Travaux Publics, et qui constate que les 5,037 kilomètres de canaux existant en France en 1868, ont coûté 818 millions 467,913 fr., soit par kilomètre 162,500 fr., ou plus exactement « si l'on tient compte

» des frais de personnèl et des intérêts d'argent qui ne figurent
» pas dans les comptes de l'État, environ 180,000 fr., dépense
» qui est à répartir, d'ailleurs, comme ci-dessous, quant aux
» dates auxquelles elle a été faite :

» Antérieurement au xixe siècle............ 116,070,707 fr.

» Pendant le xixe siècle................. 702,397,206

» Total pareil....... 818,467,913 fr.

Si bien que les 165,300 fr., les 180,000 fr., les 205,300 fr. et
le maximum de 250,000 fr. adoptés comme coûts moyens des
canaux à faire, sont basés sur des dépenses notables payées sous
Louis XIII (canal de Briare, 1638-1642), sous Louis XIV (canal du
Midi, 1666-1681), sous Louis XV (canal de Chauny à Saint-
Quentin, 1738), sous le premier Empire (achèvement du canal
de Saint-Quentin, 1802-1810), et sur bien d'autres remontant à
ces époques relativement éloignées !

C'est, en vérité, trop oublier combien l'argent a diminué de
valeur depuis lors (1) ; c'est aussi ne tenir compte ni de ce que
les canaux restant à faire seront d'une exécution plus difficile
que les canaux déjà construits (Chap. I, § 2), ni de ce que des
frais considérables seront occasionnés à l'avenir par la rapidité
d'exécution entrée dans les habitudes des générations actuelles.

Prendre les derniers chiffres cités, comme point de départ des
estimations des canaux à construire, c'est marcher à des décep-
tions. Le canal en construction, dénommé canal de l'Est, en
fournit un exemple tout récent : la Commission d'enquête avait
dit dans son Rapport n° 2,271 : « le prix kilométrique moyen des
» 3,610 kilomètres de canaux exécutés à ce jour par le Gou-

____

(1) Une note de l'ouvrage de Brisson sur la navigation indique qu'en
Champagne, et en 1777, le prix de la journée de manœuvre était de 1 fr. et
celui de la voiture à deux chevaux, conducteur compris, de 4 francs.

» vernement français, n'atteint pas 161,000 fr.; donc, pour le
» canal dont il s'agit, bien qu'à point de partage, mais ne
» présentant ni souterrains, ni ponts-aqueducs, ni ouvrages
» importants, et qui pour les difficultés n'est pas certainement
» au-dessus de la moyenne générale de nos canaux, le prix de
» 179,000 fr., adopté comme base d'évaluation, ne saurait paraître
» trop faible. » C'était, ce devait être une erreur : il est déjà
reconnu aujourd'hui que la dépense prévue de 65 millions de
francs devra être augmentée de 31 millions 800,000 fr., soit de
près de 50 p. 100, ce qui transformera les 179,000 fr. en
266,500 fr.

Qu'ont donc coûté, d'ailleurs, la plupart des canaux exécutés
à toute époque, non compris le service des intérêts pendant leur
construction? Le tableau ci-après fournit la réponse et indique
en outre les dépenses qu'ils nécessitent encore, autant du moins
qu'il est possible de les saisir dans les rapports publiés par le
Journal officiel et présentés aux Chambres pour la discussion de
la loi du 5 août 1879 :

DÉSIGNATION des CANAUX	DATES des DÉPENSES PRINCIPALES	DÉPENSES		
		faites à toutes époques, par kilomètre	restant à faire par kilomètre, d'après les rapports joints à la loi de 1879	TOTALES
Canal de la Sensée....................	1818, 1853	152.500	38.896	191.396
Canal d'Aire à la Bassée..............	1271, 1660, 1771, 1822, 1868	236.934	24.889	251.823
Canal de Neuffossé....................	1750, 1774	222.840	52.925	275.765
Canal de Roubaix......................	de 1826 à ce jour	270.270	24.570	294.810
Canal de Saint-Quentin................	1732, 1769, 1802, 1810	266.000	43.117	309.117
Canal des Ardennes....................	1820, 1851	146.778	33.301	180.079
Canal de l'Aisne à la Marne...........	1840, 1848, 1865	335.000	25.862	360.862
Canal de la Marne au Rhin	de 1838 à 1853	237.500	35.660	273.160
Canal de Bourgogne....................	1775, 1808, 1822, 1868	235.700	46.447	282.147
Canal du Nivernais....................	1784, 1822, 1842	194.475	48.850	243.325
Canal de Briare	1604, 1638, 1642	231.111	28.995	260.106
Canal d'Orléans.......................	1681, 1692	160.544	13.606	174.150
Canal de Givors	1761, 1780, 1830	243.000	191.891	434.891
Canal de Beaucaire....................	1559, 1645, 1716, 1806	173.522	64.266	237.788
Canal du Centre.......................	1783, 1801, 1868	153.300	79.310	232.610
Idem (*Journal officiel* du 9 mars 1881).	Id.	153.300	86.724	240.024
Canal du Berry (à petite section).....	1811, 1822, 1841, 1864	83.100	94.570	177.670
Canal latéral à la Garonne	1838, 1868	311.000	»	311.000
Canal du Languedoc	1666, 1681	129.800	»	129.800

Nota. — Les dépenses du canal latéral à la Garonne, d'une exécution relativement récente, et celles du canal du Languedoc, construit il y a deux cents ans, montrent l'influence de l'époque à laquelle les constructions ont été faites. Ce dernier canal comporte, pour ses bassins d'alimentation et ses rigoles, des travaux considérables que le premier a pu éviter.

2° *Prix à adopter pour les lignes futures.*

Il n'était pas inutile de s'arrêter un instant sur les dépenses antérieurement faites pour la construction des grandes voies de communication : elles ont été trop souvent citées comme fournissant un argument favorable aux canaux, pour qu'il ait été possible de ne point rechercher leur véritable signification ; elles ont été adoptées souvent bien à tort, comme représentant le coût des lignes de chaque nature restant à créer. C'était appliquer à l'avenir les chiffres du passé et quelquefois d'un passé bien éloigné de nous, et aussi ne pas tenir compte des modifications radicales survenues dans la situation relative des canaux et des chemins de fer. En effet, si ceux-ci ont dû jusqu'à ce jour être chèrement établis de façon à satisfaire aux besoins les plus considérables du pays, ils seront continués par des lignes dont la construction sera mise en rapport avec les besoins peu importants restant en souffrance ; ils profiteront des progrès faits par la locomotive depuis sa naissance ; tout concourt à obtenir pour eux un prix d'établissement réduit. Les canaux, au contraire, pour se multiplier et former cohésion avec les lignes d'eaux existantes, devront être conduits dans des régions bien plus difficiles que celles abordées jusqu'ici (Chap. Ier, § 2) ; de plus, pour suivre le progrès réclamé à leur sujet, il faudra les munir d'installations plus complètes que celles offertes actuellement. Tout tend donc à grever leur établissement de frais de plus en plus considérables.

A. *Chemins de fer.*

Que peuvent représenter les besoins négligés par les chemins de fer aujourd'hui en exploitation ou en construction ?

Ils correspondent, dit M. le Sénateur Varroy, à un rendement de 8,000 fr. par kilomètre. (Sénat, 12 juillet 1879.)

« Peut-on admettre, ajoute M. Varroy, que l'on construise les
» lignes nouvelles, destinées à desservir un trafic aussi réduit,
» dans les conditions de perfection et d'installation des lignes,
» je ne dirai pas de l'ancien réseau, mais même du second
» réseau ?

» Je crois que, dans ces circonstances, on doit s'appliquer à
» proportionner l'outil au service qu'on lui demande. Je crois
» donc qu'il convient pour le troisième réseau de diminuer les
» dépenses, sauf, au besoin, à faire certains sacrifices sur la
» perfection de l'instrument.

» En un mot, il faut recourir à des pentes plus fortes, à des
» courbes plus raides, et l'on pourra encore desservir convena-
» blement un réseau qui doit avoir un trafic aussi peu impor-
» tant. Il faudra aussi, dans les gares, réduire les installations au
» strict nécessaire.

» Je crois que le troisième réseau doit être presque totalement
» exécuté à une voie. »

C'est au nom de ces idées, les seules vraiment sages, que ce Sénateur, depuis Ministre, conclut en faveur du prix kilométrique de 200,000 fr. pour les chemins de fer classés par la loi : c'est d'ailleurs le chiffre indiqué par le Gouvernement qui, dans son exposé des motifs du 4 juin 1878, avait dit : « Il ne faut pas se
» dissimuler qu'un certain nombre de lignes des contrées les plus
» pauvres et en même temps les plus accidentées atteindront un
» prix sensiblement supérieur, 300,000 et peut-être 400,000 fr.;
» mais ces lignes, fort heureusement, sont en minorité, et sur un
» grand nombre d'autres points, on doit espérer ne pas dépasser
» 150,000 fr. Il est donc vraisemblable que le chiffre de 200,000 fr.
» par kilomètre, matériel compris, ne s'éloignera pas de la
» vérité. »

Ce chiffre peut-il être accepté sans crainte de mécomptes ?

Voici d'abord quelques renseignements fournis par M. Varroy, à l'appui de son opinion :

« La Compagnie de l'Est, celle que je connais le mieux, » dit l'honorable Sénateur : « a indiqué les dépenses de construction » de lignes exécutées par elle depuis quinze années...... Les » dépenses kilométriques, abstraction faite des intérêts et du » matériel roulant, sont de 159,000 fr. au maximum ; elles sont » descendues pour certaines lignes à 131,000 fr.; pour d'autres » à 130,000 fr.; pour une à 101,000 fr. Il en est même deux qui » sont descendues, l'une à 80,000 fr. et l'autre encore plus bas.

» D'autres Compagnies ont fourni des renseignements ana- » logues.

» M. Mangini, dont tout le monde connaît la compétence, » a déclaré qu'on pouvait, sans le matériel roulant, descendre, » dans les plaines et les vallées régulières, à 80,000 ou 90,000 fr. » par kilomètre. Il a ajouté que, dans des conditions difficiles, » dans une région accidentée, on pouvait ne pas dépasser » 200,000 fr. »

M. le Sénateur Krantz, dans une brochure intitulée *Obser- vations sur les chemins de fer,* dit : « L'expérience apprend » que les chemins de fer à une voie peuvent être construits, » dans les circonstances ordinaires, pour le prix de 120,000 à » 150,000 fr. »

M. Gottshalck, Président de la Société des Ingénieurs civils, a traité la question importante des dépenses de construction, dans son discours d'installation du 9 janvier 1880.

» On estime » dit-il « que la construction par l'État des 15,000 » kilomètres de chemins à voie unique, classés parmi les chemins » d'intérêt général, reviendra de 200,000 à 250,000 fr. le kilo- » mètre...... il semble qu'on puisse affirmer que la dépense du » troisième réseau ne devrait pas dépasser 100,000 à 150,000 fr.

» Pour atteindre ce résultat, il suffirait d'autoriser les Compa-
» gnies concessionnaires à proportionner les établissements de
» leurs chemins au degré de richesse ou de pauvreté du territoire
» traversé, en leur laissant toutes facilités pour les raccordements
» avec les chemins déjà existants et pour les tracés en plan et en
» profil, de façon à éviter les mouvements de terre et les ouvra-
» ges d'art dispendieux, à l'aide de courbes, de petits rayons et de
» déclivités un peu fortes.

» Pour nous, qui avons dirigé pendant plus de dix ans le ser-
» vice du matériel et de la traction d'un des chemins les plus
» difficiles de l'Europe, dans lequel les longueurs cumulées des
» paliers en alignements droits atteignaient à peine 15 p. 100 de
» l'ensemble des lignes, où les rampes dépassaient souvent 7 et
» 8 millimètres et arrivaient fréquemment à 25 millimètres, et où
» les rayons de courbure descendaient jusqu'à 180 mètres, nous
» savons que l'exploitation des sections difficiles est affaire de
» pure mécanique, et que si les machines sont bien appropriées
» au profil, il n'en résulte, pour l'ensemble, qu'une augmentation
» relativement faible, sur les frais d'exploitation. Or, à l'heure
» actuelle, il est plus facile de construire une locomotive pour
» remorquer des trains de 100 tonnes sur des rampes de $0^m 035$
» qu'il n'était aisé de faire une machine pour trains de 60 tonnes
» sur la rampe de 0,025, il y a seulement un quart de siècle.

» Dès 1871, nous avons été conduit à étudier une locomotive
» pouvant remorquer un train de 100 tonnes sur la rampe de
» 0,040, et on peut voir chaque jour en Suisse des machines
» faisant le service sur des rampes de 50, voire même de 70
» millimètres.

» Sans atteindre ces limites, nous croyons que, même en ne
» dépassant pas la rampe de 0,030, on pourrait considérable-
» ment simplifier le problème de la construction du troisième
» réseau...

» La Compagnie des Dombes a atteint le résultat, sans dépasser
» la rampe de 0^m 020 et sans descendre au-dessous de 350 mètres
» pour les rayons minima..... elle est arrivée à construire, pour
» moins de 150,000 fr. par kilomètre en moyenne, des chemins
» sur lesquels on atteint des vitesses de 50 à 60 kilomètres à
» l'heure et qui sont plus que suffisants pour le trafic de la plupart
» des chemins créés par la loi du 17 juillet 1879. »

Rappelons aussi que le rachat des 2,615 kilomètres formant les
lignes des Charentes, de la Vendée, d'Orléans à Châlons et à
Rouen, etc., s'est effectué, y compris l'achèvement complet des
travaux, les frais de personnel, les intérêts et le matériel roulant,
au taux de 191,000 fr. qui se transforme en 240,000 fr., par
kilomètre, en y comprenant les subventions primitivement
accordées. Moyennant cette somme, l'État est devenu propriétaire
de lignes sur lesquelles la grande majorité des terrains est
acquise et la construction des travaux d'art faite pour deux
voies.

Il faut remarquer encore que si l'État est amené à s'incor-
porer de nouvelles lignes d'intérêt général ou local non comprises dans la liste de 1878, la somme à verser a été déjà
indiquée à la tribune du Sénat et fixée pour 1,368 kilomètres de
chemins d'intérêt local à 150,000 fr. par kilomètre.

Ces documents démontrent surabondamment que les 200,000
francs, matériel roulant compris, prévus par le Gouvernement,
sont suffisants pour la rémunération du kilomètre moyen des
chemins à établir en France. Il ne reste à y ajouter que les
sommes à affecter au service des intérêts durant la construction, qui peuvent être évaluées à 15 p. 100 et qui, figurant
au budget des Finances, passent inaperçues dans celui des
Travaux Publics.

C'est donc en définitive sur le chiffre de 230,000 fr. par kilomètre qu'il faut se baser.

B. *Canaux*

Pour fixer le prix des canaux que l'État veut ouvrir, nous nous reporterons aux documents officiels.

Lors de la discussion sur le classement des voies navigables, la dépense moyenne kilométrique des lignes d'eau artificielles, formant un ensemble de 1,112 kilomètres, a été estimée 312,000 francs (1), sans y comprendre la ligne tout à fait exceptionnelle du Havre à Tancarville portée pour 760,000 fr., ni celle du Nord à Paris, dont le tracé n'est pas arrêté. Mais à cette somme de 312,000 fr., il conviendra d'ajouter, comme il a été fait à l'occasion des chemins de fer, 15 p. 100 pour pertes d'intérêts durant la construction, et c'est ainsi que l'on arrive au total de 358,800 fr. pour représentation de la valeur du kilomètre des nouveaux canaux à ouvrir.

Ce chiffre ne comprend aucune dépense pour matériel flottant, tandis que celui de 230,000 fr. pour la voie de fer comprend le matériel d'exploitation de toute nature; mais il sera fait mention de la valeur de ce matériel et de son entretien, quand viendra la comparaison des frais de transports sur les deux voies. A ce moment aussi il sera tenu compte d'une augmentation de 20 p. 100 sur les chiffres relatifs aux canaux, à cause du supplément de longueur des lignes d'eau par rapport à celles de fer, quand ces lignes sont établies entre deux mêmes points.

---

(1) Le canal latéral à la Chiers (Ardennes), dont le projet définitif vient d'être soumis à une Commission de la Chambre des Députés, est estimé 27 millions; il aura une pente moyenne de 1,18 par kilomètre; sa longueur étant de 84,765 mètres, le kilomètre ressortira à 318,500 fr. *(Journal officiel du 10 mars 1881.)*

C. *Relation entre le prix d'un canal et celui d'un chemin de fer établis côte à côte.*

Examinons maintenant un autre point, signalé tout d'abord par le présent paragraphe, et recherchons le coût relatif d'une voie de fer et d'un canal placés dans des conditions similaires.

M. l'Ingénieur en chef Graëff, dans son ouvrage fort remarquable sur la construction des chemins de fer et des canaux (1861), conclut que le kilomètre des premiers coûte plus cher que le kilomètre des seconds et estime que le rapport des dépenses est celui de 3 à 2, au moins.

M. le Ministre des Travaux Publics, dans l'exposé des motifs du 4 novembre 1878, joint au projet de loi sur les voies navigables, adopte la première partie de cette conclusion, mais omet de citer le rapport dont elle est accompagnée.

Est-il permis d'élever quelques doutes sur la conclusion bien générale, prise par l'éminent constructeur du canal et du chemin de fer sur le versant oriental des Vosges ?

Sur les 59 kilomètres compris entre le col d'Arschwiller et Strasbourg, les deux lignes, tout à fait voisines l'une de l'autre, se sont trouvées dans la situation suivante :

Entre ces deux points, la différence d'altitude est de 131 mètres, et la pente moyenne de $0^m 0022$ par mètre ;

En partant du col, le canal se présente d'abord avec la pente de $6^m 335$ par kilomètre sur 9,831 mètres (1re section), puis avec la pente de $2^m 48$ sur 8,549 mètres (2e section), enfin avec celle de $1^m 15$ sur 41,435 mètres (3e section) ;

Le chemin de fer est généralement assis avec des pentes de 0,005 par mètre au plus : il ne compte qu'un vingtième de sa longueur en déclivités supérieures à 0,005 et inférieures à 0,007 :

son rayon minimum de courbure est de 800 mètres, sauf deux courbes de 700 ou de 750 mètres ;

Les tracés des deux voies suivent la vallée de la Zorn, très tortueuse depuis le col jusqu'à mi-longueur de la deuxième section ;

Sur la majeure partie de ce parcours, le canal est établi contre le coteau, de manière à compenser les déblais et les remblais.

La deuxième section du canal était terminée depuis longtemps « lorsqu'on y a commencé les études du chemin de fer, ce qui a » en général rejeté celui-ci un peu plus avant dans les promon- » toires des contreforts secondaires de la vallée que si l'on avait » projeté et construit les deux lignes en même temps »; (M. l'Ingénieur Graëff) ; de là est résultée une augmentation dans le chiffre des terrassements de la voie ferrée.

La troisième section était elle-même en partie construite, lorsque surgit l'idée du chemin de fer.

Dans ces conditions, les deux voies ont dû se gêner l'une l'autre. Par suite, ne faut-il pas penser que l'auteur serait arrivé à une conclusion plus exacte sur le rapport devant exister entre les frais de l'établissement des deux voies, en quelque sorte juxtaposées, si, les travaux étant terminés, toutes les causes de dépense étant bien connues, il avait recherché le coût d'un canal isolé, d'un chemin de fer isolé, traversant cette même contrée ?

Pour établir aujourd'hui ce rapport, avec l'aide des renseignements fournis par l'exposé très complet des grands travaux exécutés sur le versant des Vosges, il paraît convenable de laisser de côté tout ce qui a trait à la deuxième section et, bien entendu, de substituer de suite aux prix de l'année 1855 nécessairement adoptés par M. Graëff, pour les matériaux métalliques, les prix actuels de 170 fr. pour la tonne de rails et de 115 fr. pour la tonne de fonte, d'où résulte le prix de 72,500 fr. pour le kilomètre moyen de voie ballastée.

Le tableau suivant, dressé d'après ces données, résume les dépenses faites pour le canal et pour le chemin de fer :

INDICATION DES NATURES DE DÉPENSES	PRIX DE REVIENT PAR KILOMÈTRE			
	CHEMIN DE FER		CANAL	
	1re Section	3e Section	1re Section	3e Section
Travaux du corps du chemin de fer, bâtiments compris, ou du canal	288.740f »	94.812f »	336.458f »	112.078f »
Travaux du ballast et de toutes les voies du chemin de fer, ou de la mise en eau du canal............	72.500 »	72.500 »	19.322 »	17.834 »
TOTAUX......	361.240f »	167.312f »	355.780f »	129.912f »

Comparons maintenant, au moyen de ce tableau, les chiffres d'un même parcours, en tenant compte des circonstances de fait :

Sur la première section : le canal a une pente de 6^m 33 par kilomètre et un tirant d'eau de 1^m 60 ; il est établi à mi-côte, donne 61 mètres cubes de terrassements au mètre courant, dont 17 p. 100 en roc et 83 p. 100 en terre : le chemin de fer ne présente qu'exceptionnellement des pentes de 6 ou 7 millimètres ; elles sont généralement limitées à 5 millimètres ; les terrassements donnent, par mètre courant, 55 mètres cubes, dont 25 p. 100 en roc et 75 p. 100 en terre ; les rails ont dû s'asseoir dans une vallée tortueuse, ne leur permettant un tracé avec courbes de 800 mètres de rayon qu'à la condition d'accepter sur plus du dixième de sa longueur, des souterrains à 995 fr.

le mètre courant, grevant de 103,427 fr. par kilomètre le chiffre de 288,740 francs.

Dans cette situation relative des deux lignes et avec les prix actuels du matériel de la voie, prix qui vont toujours en diminuant alors que les prix des travaux augmentent sans cesse, on doit conclure, d'après le tableau précédent, que la dépense du chemin de fer est à celle du canal comme 1,015 est à 1.

Sur la troisième section : la pente est de 1^m 15 par kilomètre ; les rails ont dû passer par dessus le canal à l'aide d'un pont tournant accompagné d'une levée assez considérable ; la dépense du chemin de fer est alors à celle du canal comme 1,287 est à 1.

Les points de départ des chiffres du tableau étant indiscutables, puisque ce sont ceux obtenus sur le versant des Vosges, modifiés uniquement par l'abaissement de la valeur des matières métalliques depuis trente ans, ne faut-il pas, de toute nécessité, à la relation de 1,50 à 1, admise comme résultat de la comparaison entre les dépenses des voies de fer et des voies d'eau, en 1855, substituer provisoirement au moins les deux relations qui viennent d'être obtenues, selon la contexture du terrain à traverser ?

Mais la question ne saurait être ainsi épuisée : il y a lieu de se demander s'il ne serait pas possible de fixer d'une manière plus générale le rapport qui doit exister entre ces deux sortes de dépenses, selon que varient la pente du sol considéré et les accidents de terrain.

Avant tout, modifions quelque peu le tableau qui précède et empruntons-en toujours les chiffres aux estimations des deux lignes d'Arschwiller à Strasbourg :

INDICATION	PRIX DE REVIENT PAR KILOMÈTRE			
	CHEMIN DE FER		CANAL	
DES NATURES DE DÉPENSES	1re Section	3e Section	1re Section	3e Section
Travaux du corps du chemin de fer, bâtiments compris...................	288.740 »	94.812 »	»	»
Travaux du canal étanché, écluses non comprises	....	....	252.209 »	107.270 »
Travaux du ballast et de toutes les voies ferrées...	72.500 »	72.500 »	»	»
Travaux des écluses....	....	....	103.571 »	22.642 »
	361.240ᶠ »	167.312ᶠ »	355.780ᶠ »	129.912ᶠ »

Supposons une plaine horizontale : le canal, avec sa largeur de 25ᵐ 40 au niveau du chemin de halage placé à 70 centimètres au-dessus du plan d'eau, et sa cuvette profonde de 1ᵐ 60, y coûtera certainement plus cher, pour l'établissement de son corps proprement dit, que l'infrastructure du chemin de fer, même en y comprenant ses bâtiments ordinaires, car cette voie ne comporte qu'une largeur de 9 mètres au niveau de sa plateforme, et n'exigera dans l'espèce qu'un mouvement de terre très minime.

Cette plaine, tout en continuant à permettre l'horizontalité pour le profil des voies qui y seront tracées, se couvre-t-elle d'ondulations ordinaires, nécessite-t-elle des ouvrages d'art d'une exécution courante, la troisième section de la descente d'Arschwiller peut-elle être prise comme type, on trouvera que le coût du corps de la voie ferrée, bâtiments compris, est de 94,812 fr., lorsque celui du canal étanché est de 107,270 fr., c'est-à-dire que les dépenses sont, dans le rapport, de 88 : 100.

Que ce sol devienne un sillon étroit, sinueux, comparable à la première section de la descente d'Arschwiller, le corps entier du chemin de fer, moins ses voies de toute espèce et leur ballast, ressortira à 288,740 fr., et celle du corps du canal étanché à 252,209 fr. Le rapport des dépenses sera celui de 114 : 100, ce dernier chiffre correspondant au canal.

Si maintenant, l'origine de cette plaine à profil en long horizontal restant fixe, son extrémité vient à se soulever de façon à faire prendre à l'ensemble successivement diverses inclinaisons, immédiatement des écluses s'introduisent sur la voie d'eau et viennent ajouter leur dépense de 16,346 fr. ou de 19,716 fr. par mètre de chute à celle du corps du canal. Quant au chemin de fer, il ne subit aucune modification dans ses travaux, et son prix complet (infra et suprastructure) reste constant.

On peut donc dire que :

1° Sur les terrains faiblement mamelonnés comme ceux de la troisième section et dans les conditions précédemment définies :

La dépense kilométrique d'un canal est de 107,270 fr., plus, pour les écluses, autant de fois 19,716 fr. qu'il y a de mètres de chute par kilomètre de parcours;

Celle du chemin de fer est le produit de 107,270 fr. par 0,88, plus 72,500 fr. pour les voies.

2° Sur les terrains accidentés comme ceux de la première section et dans les conditions précédemment définies :

La dépense kilométrique d'un canal est de 252,209 fr., plus, pour les écluses, 16,346 fr. répété autant de fois qu'il y a de mètres de chute par kilomètre de parcours;

Celle du chemin de fer est le produit des 252,209 fr. par 1,14 plus 72,500 fr. pour les voies.

De ces relations résulte le tableau ci-après :

PENTE par kilomètre.	1re SECTION. — TERRAIN ACCIDENTÉ					3e SECTION. — TERRAIN A RELIEFS ORDINAIRES				
	PRIX				Rapport du prix du chem. de fer au prix du canal	PRIX				Rapport du prix du chem. de fer au prix du canal
	du chemin de fer, voies comprises	du canal sans les écluses	des écluses	TOTAL du canal		du chemin de fer, voies comprises	du canal sans les écluses	des écluses	TOTAL du canal	
0ᵐ	361.240ᶠ	252.209ᶠ	» ᶠ	252.209ᶠ	1.43	167.312ᶠ	107.270ᶠ	» ᶠ	107.270ᶠ	1.56
1	Id.	Id.	16.346	268.555	1.34	Id.	Id.	19.716	126.986	1.32
2	Id.	Id.	32.692	284.901	1.27	Id.	Id.	39.432	146.702	1.14
3	Id.	Id.	49.038	301.247	1.20	Id.	Id.	59.148	166.418	1.01
4	Id.	Id.	65.384	317.593	1.14	Id.	Id.	78.864	186.134	0.95
5	Id.	Id.	81.730	333.939	1.08	Id.	Id.	98.580	205.850	0.81
6	Id.	Id.	98.076	350.285	1.03	Id.	Id.	118.296	225.566	0.74
6.67	Id.	Id.	109.550	361.759	1.00	»	»	»	»	»
7	Id.	Id.	114.422	366.631	0.99	Id.	Id.	138.012	245.282	0.68
8	Id.	Id.	130.768	382.977	0.94	Id.	Id.	157.728	261.998	0.63
9	Id.	Id.	147.114	399.323	0.90	Id.	Id.	177.444	284.714	0.59
10	Id.	Id.	163.460	415.669	0.87	Id.	Id.	197.160	304.430	0.55

Il ressort de ce tableau que :

1° Quels que soient les reliefs du sol, le kilomètre de canal est moins coûteux que le kilomètre de chemin de fer (infra et suprastructure comprises), pour les faibles pentes ;

2° Si les reliefs sont peu accusés (3ᵐᵉ section), il y a égalité entre les dépenses d'établissement des deux voies, pour une pente de 3 mètres par kilomètre dans le profil en long : au dessous de cette pente, l'avantage est pour la voie d'eau ; au dessus, l'avantage est pour la voie de fer ;

3° Avec des reliefs très accentués (1ʳᵉ section) et une vallée sinueuse exigeant, pour la circulation, des courbes de 800 mètres, la construction, sur le dixième de la longueur du parcours, de souterrains grevant de 103,000 fr. par kilomètre le prix kilométrique de 288,400 fr. auquel ressort le chemin complet sans ses voies, l'égalité entre les dépenses de la voie ferrée et celles de la voie d'eau n'existe plus que pour un profil en long incliné à raison de 6,67 par kilomètre ; en deçà, l'avantage est pour le canal, au delà, il appartient au chemin de fer.

Tels sont les résultats auxquels conduit la discussion des dépenses faites sur chacune des descentes d'Arschwiller : ils ne peuvent s'appliquer qu'à des terrains comparables et à des lignes se heurtant aux mêmes difficultés. Incontestablement, celles-ci ont été considérables pour le chemin de fer dont le tracé a très probablement été beaucoup moins indépendant du canal dans la première section que dans la troisième. Si ce projet était à refaire, des courbes moins douces remplaceraient certainement celles de 800 mètres de rayon, dont l'adoption a été très onéreuse, et l'égalité s'établirait entre les deux dépenses avant les déclivités qui viennent d'être fixées.

Mais là ne se borneraient pas les modifications des premiers résultats obtenus pour le rapport entre les dépenses nécessitées pour l'établissement d'un chemin de fer et d'un canal entre deux mêmes points, si l'on était désireux de le fixer pour notre époque, et de l'appliquer à un terrain se rapprochant d'une situation moyenne, bien plus que celui très spécial dont il a été question jusqu'à ce moment.

Dans cette hypothèse, le coût du canal devant être calculé d'après un mouillage de 2 mètres et une largeur de 26^m 60 entre arêtes extérieures, alors que le canal pris pour type n'offre pour ces dimensions que 1^m 60 et 25^m 40, il conviendrait d'ajouter aux dépenses constatées, soit pour terrassements, allongement des ouvrages d'art, soit pour indemnités de terrains, etc., une somme qui ne saurait être inférieure à 12.000 fr. par kilomètre.

De plus, si l'on se reporte au rapport de M. le Député Gailly, (*Officiel*, 21 juillet 1879), on voit que le canal de la Marne au Rhin nécessite en totalité, sur la partie restée française, une dépense de près de 50,000 fr. par kilomètre : une dépense analogue serait probablement indispensable sur la portion devenue allemande, dont il a été traité jusqu'à ce moment; néanmoins, dans l'impossibilité de fixer un chiffre quelque peu exact, il ne sera rien compté à cette occasion.

Les prix du mètre de chute de 16,346 fr. pour la première section et de 19,716 fr. pour la troisième, sont bien rarement aussi faibles; dans son étude de 1820, publiée en 1829, Brisson le fixait à 24,000 fr. Depuis cette date, et même depuis la construction du canal de la Marne au Rhin, l'estimation des travaux d'art a subi de très grandes augmentations, de plus grandes longueurs ont été prescrites pour les écluses; il est donc probable qu'en adoptant le prix de 24,000 fr. pour celui de cette unité de mesure, on serait plus voisin de la vérité qu'en maintenant les chiffres cités plus haut.

En ce qui concerne le chemin de fer, il ne faut pas oublier que dans la première section, la ligne comporte 686^m 70 de souterrain formant les 0,104 du parcours total de 6,600 mètres, et grevant le prix moyen du kilomètre de 103,427 fr. sur 288,740. Si, au lieu de cette charge tout à fait exceptionnelle, on tenait compte de ce que sur les 18,802 kilomètres exploités par les six grandes Compagnies à la fin de 1877, il n'existe que 262,180 mètres de souterrains, c'est-à-dire 14 mètres sur 1,000 et que sur les autres lignes françaises, on n'en rencontre que 13,690 mètres sur 2,162 kilomètres, c'est-à-dire 6^{m}30 sur 1,000, on serait amené à remplacer la proportion de 0,104 existant près d'Arschwiller et précédemment acceptée, par celle de 0,013, le chiffre de 686^{m}70 par 85,80, celui de 288,740 par 217,060 fr., et enfin le chiffre de 361,240 fr. par 289,560 francs.

Ces modifications apportées au dernier tableau le transformeraient comme ci-après :

PENTE par kilomètre	1re SECTION. — TERRAINS ACCIDENTÉS					3e SECTION. — TERRAINS A RELIEFS ORDINAIRES					MÊMES RAPPORTS modifiés par suite de l'allongement de 20 p. 100 du canal sur le chemin de fer	
	PRIX KILOMÉTRIQUE				Rapport du prix du chemin de fer au prix du canal	PRIX KILOMÉTRIQUE				Rapport du prix du chemin de fer au prix du canal		
	du chemin de fer, voies comprises	du canal sans les écluses	des écluses	TOTAL du canal		du chemin de fer, voies comprises	du canal sans les écluses	des écluses	TOTAL du canal		1re Section	3e Section
0	280.560f	264.209f	»	264.209f	1.10	167.312f	119.270f	»	119.270f	1.40	0.91	1.17
1	Id.	Id.	24.000	288.209	1.00	Id.	Id.	24.000	143.270	1.17	0.85	1.00
2	Id.	Id.	48.000	312.209	0.93	Id.	Id.	48.000	167.270	1.00	0.79	0.88
3	Id.	Id.	72.000	336.209	0.86	Id.	Id.	72.000	191.270	0.87	0.74	0.78
4	Id.	Id.	96.000	360.209	0.80	Id.	Id.	96.000	215.270	0.78	0.70	0.70
5	Id.	Id.	120.000	384.209	0.75	Id.	Id.	120.000	239.270	0.70	0.66	0.64

Et on conclurait :

1° Qu'au point de vue des dépenses de premier établissement, le kilomètre de canal est plus coûteux que celui de chemin de fer, dès que le profil en long à adopter présente une pente supérieure à 1 ou 2 millimètres par mètre ;

2° Que, la voie d'eau établie entre deux points étant en moyenne, ainsi que cela a été démontré au Chapitre II, § 2, plus longue de 20 p. 100 que celle offerte par les rails entre les mêmes points, ce n'est que très exceptionnellement et dans les terrains très plats qu'il peut être moins coûteux de creuser un canal que de construire un chemin de fer.

D. *Conclusion sur les dépenses d'établissement d'un système général de communications par voies de fer ou par voies d'eau.*

D'après la statistique du Ministère des Travaux Publics, les 20,964 kilomètres de chemins de fer exploités à la fin de 1877 comprennent :

4,989 kilomètres ou 23,80 p. 100 de la longueur totale, en palier ;

8,910 kilomètres ou 42,50 p. 100 en déclivités ne dépassant pas 0^m005 par mètre ;

4,769 kilomètres ou 22,75 p. 100 en déclivités de 0^m005 à 0^m010 inclus;

2,086 kilomètres ou 9,95 p. 100 en déclivités de 0^m010 à 0^m20 inclus;

210 kilomètres ou 1,00 p. 100 en déclivités supérieures à 0^m020 par mètre ;

les fortes déclivités existant principalement sur les lignes récemment construites.

D'un autre côté, il résulte des études faites par Brisson sur 10,253 kilomètres de canaux latéraux à des rivières, ou de canaux à bief de partage étudiés par lui, que ces lignes se classent comme ci-dessous d'après leurs pentes moyennes par versant :

6,294 kilomètres ou 62,12 p. 100 en paliers ou pentes inférieures à $0^m 0015$ par mètre;

2,688 kilomètres ou 25,72 p. 100 en pentes de 0,0015 à 0,0025 au plus;

974 kilomètres ou 9,32 p. 100 en pentes de 0,0025 à 0,0035 au plus;

201 kilomètres ou 1,92 p. 100 en pentes de 0,0035 à 0,0045 au plus;

96 kilomètres ou 0,92 p. 100 en pentes supérieures de 0,0045 par mètre;

et qu'elles comportent 200 kilomètres de tunnels, ou $19^m 13$ de pareil ouvrage par kilomètre, ainsi que 2,800 kilomètres de rigoles d'alimentation à ciel ouvert ou souterraines, soit 268 mètres par kilomètre de canal.

Si l'on tient compte de ce que les rigoles d'alimentation nécessitent une dépense de 20,000 fr. au moins pour chacun de leurs kilomètres, de ce qui vient d'être longuement développé sur les dépenses relatives des canaux et des chemins de fer selon leurs pentes, et enfin de ce que le canal entraîne un allongement de parcours de 20 p. 100 sur celui du chemin de fer construit entre les mêmes points, on se demandera si nous ne trouvons pas, dans les tableaux des déclivités des grandes lignes de communication, ci-dessus présentés, une preuve certaine de l'économie que permet de réaliser l'emploi du chemin de fer, comme mode général de circulation pour les grands transports.

CHAPITRE IV

—

COMPARAISON ENTRE LES CANAUX ET LES CHEMINS DE FER
AU POINT DE VUE
DU COUT DES TRANSPORTS

—

§ 1. — **Prix de la traction**.

Il faut entendre par dépense de traction, non-seulement les
frais à faire pour remorquer un certain poids, mais encore ceux
afférents à l'achat, à l'amortissement, à l'entretien du véhicule
utilisé pour porter ce poids.

En ramenant ces frais à ce qu'ils seraient pour le parcours
d'un kilomètre par une tonne de marchandise, on obtient le
prix de revient unitaire de la traction, le prix de revient de la
traction d'une tonne à 1 kilomètre.

1° *Sur les Canaux.*

Pour établir ce prix sur les canaux, la Commission d'enquête
des voies de transport (Rapport n° 1,206 à l'Assemblée nationale,
séance du 8 juin 1872) s'est placée sur la plus belle voie navi-

gable de la France, celle de Mons à Paris, qui présente, sur tout son parcours, des écluses de grandes dimensions (34 mètres sur 5ᵐ20), un fort tirant d'eau (2 mètres), un mouvement de marchandises considérable et une concurrence très active. « L'accumulation des bateaux y est telle que les mariniers n'y » trouvent qu'un fret leur donnant à peine de quoi vivre misé-» rablement. » (Lettre du Syndicat de la marine à M. le Ministre des Travaux Publics, janvier 1873.)

Sur cette voie, la Commission a pris une barque chargée à pleins bords de 240 tonnes de houille, c'est-à-dire de la marchandise la plus facile à transporter, et l'a suivie dans son voyage de 324 kilomètres, voyage d'une longueur exceptionnelle sur canaux. Elle a vu que le fret ressortait pour le parcours total à 6 fr. 25 c. par tonne, soit à 1ᶜ5 environ par tonne et kilomètre, sans les droits de navigation, et à 1ᶜ9 environ avec ces droits, et elle a déduit comme conséquence (même Rapport page 9) que, sur les canaux les frais de halage, de matériel, de personnel et divers doivent se chiffrer en général par kilomètre, quel que soit le chargement, quelle que soit la longueur du parcours effectué, aux environs de 1ᶜ5.

Il serait plus exact de dire que 1ᶜ5, droit de navigation non compris, est le prix de la traction d'une tonne de houille à 1 kilomètre par un bateau ayant à l'aller un chargement complet de cette marchandise, opérant son retour à vide, faisant deux fois un trajet de 324 kilomètres dont la longueur dépasse très notablement le parcours moyen sur les canaux, et circulant sur une très belle voie d'eau, où la concurrence entre les mariniers est telle que toute rémunération y est réduite à l'extrême limite. Il serait en même temps vrai d'ajouter, que toutes ces circonstances contribuent à faire, de cette somme 1ᶜ5, un prix de revient exceptionnellement bas et impossible à atteindre dans les situations normales courantes.

La Commission analyse le prix de traction de la manière suivante :

1o Traction et pilotage, dépense pour le voyage..........................	440f et par tonne k^{me}	0c 57	
2o Intérêts et amortissement du matériel.	300	Id.	0 38	
3o Entretien du materiel.................	85	Id.	0 11	1c 47
4o Patente et assurance.................	49	Id.	0 06	
5o Retour à vide......................	250	Id.	0 33	
6o Salaire des mariniers...............	16	Id.	0 02	
7o Droits de navigation (1)	300	Id.		0 46
Totaux : 324 × 6f 25 = 1500f		Id.		1c 93

Cette analyse est suivie de la discussion de chacun des prix élémentaires et de la recherche des réductions qui seront opérées sur quelques-uns d'entre eux, par suite des perfectionnements futurs des canaux et de la batellerie.

Dans cette étude, la Commission suppose les écluses amenées à la dimension réglementaire de 38^m 50 sur 5^m 20, et les bateaux toujours chargés à pleins bords, dans un sens du parcours, non plus de 240 tonnes, mais bien du maximum de 300 tonnes ; elle admet en outre que dans le sens opposé, le chargement, quoique faible, sera assez important pour que la recette en provenant solde les frais du voyage.

Dans ces conditions, elle établit que les frais de traction ainsi que ceux d'intérêts, d'amortissement et d'entretien du matériel resteront pour 300 tonnes ce qu'ils étaient pour 240, et remplace par suite le chiffre de 0c 57 par celui de..... 0c 48

celui de 0c 38 par................................. 0 31

et celui de 0c 11 par................................. 0 09

A reporter..... 0c 88

____

(1) Ces frais comprennent la perception de 36 fr. faite par la Belgique, celle de 156 fr., très élevée, faite par le canal Saint-Denis, et celle de 178 fr. sur les canaux de l'État situés sur le parcours. Il a été déjà dit que le droit moyen était en France de 22 centimes seulement par T. K.

Report..... 0ᶜ88

Les frais de patente, étant annuels, varient avec le nombre de voyages et le tonnage du bateau, mais pour un même nombre de voyages, ne varient qu'avec le tonnage, et ainsi sont remplacés par le prix de........... 0 05

Quant aux frais du retour à vide, la Commission les supprime, estimant que dorénavant les bateaux trouve· ront toujours un chargement suffisant pour en solder les frais .... » »

Le salaire des mariniers est actuellement d'une insuffisance notoire ; la commission le reconnaît, « ces » hommes ne vivent que grâce aux journées qu'ils font » comme manœuvres à leurs diverses escales : c'est là » leur principal et presque leur unique bénéfice. Il est » juste et utile qu'ils gagnent au moins 200 fr. par » voyage, ce qui, avec un chargement de 300 tonnes, » donne 0ᶜ20 par tonne kilométrique................. 0 20

Total partiel............ 1ᶜ13

En ce qui concerne les droits de navigation, la Commission les considère comme irréductibles et les maintient à 0 46

De tous ces éléments résulte un Total général de..... 1ᶜ59

qui représenterait le prix kilométrique de la traction pour tous les chargements, pour toutes les distances sur les canaux de l'avenir, sur les canaux capables de donner passage aux bateaux de 300 tonnes.

On sera plus exact en ajoutant quelques dépenses à ce total. Ces additions sont, d'ailleurs, faciles à justifier.

1° La Commission admet que les frais de traction, ainsi que ceux d'intérêt et d'amortissement du matériel roulant seront, pour une barque de 300 tonneaux, ce qu'ils sont pour une barque de 240. C'est faire un avantage certain à la batellerie; néanmoins, il ne sera rien changé aux chiffres de 0^c 48 et de 0^c 31.

2° L'entretien du matériel est compté au même taux pour les deux barques. Mieux vaut dire que si l'entretien est de 85 fr. pour la barque de 240 tonnes, il sera de 106 fr. pour celle de 300, et ainsi, par tonne kilométrique, de 0^c 11.

3° Pour la patente, le prix de 0^c 05 n'est pas à modifier.

4° La barque de 300 tonnes a été supposée toujours pleine dans un sens et suffisamment chargée dans l'autre pour couvrir ses frais : cette hypothèse va au delà des faits qui se produiront. Dans les trains des chemins de fer, trois quarts seulement des wagons sont chargés et ne portent que les 0,4, les 0,5 tout au plus de ce qu'ils pourraient porter, l'autre quart voyage à vide; on fera donc un avantage certain aux canaux, en admettant que leur flotte voyagera toujours à demi-charge; il importe pour cette cause de rétablir dans l'appréciation de la dépense les frais du retour à vide, soit 0^c 33.

5° Si les transports sur les voies d'eau doivent être recherchés dans l'avenir par le commerce, tant l'État leur accordera de protections, comme abandon du service d'intérêt des capitaux de construction, des droits de navigation, d'installations propres à faciliter le remorquage, etc., etc., le tout au détriment de l'impôt public; si en un mot les transports sur eau sont de plus en plus subventionnés, ce n'est pas seulement la houille qui en usera : bien des marchandises dévolues aujourd'hui aux chemins de fer seront tentées d'aller aux bateaux; mais on ne saurait les y jeter à la pelle, comme on y jette la houille; il faudra faire alors un véritable chargement, un arrimage, un déchargement et aussi une véritable réception, une véritable livraison de la marchandise comportant pesage, enregistrement : il faudra en un mot arriver à une organisation calquée sur celle des chemins de fer ; des magasins, des bureaux, des grues, des outils deviendront indispensables ; on devra faire face à l'intérêt, à l'amortissement et à l'entretien de ces installations spéciales et payer de ce chef ce que ces opérations coûtent sur les chemins de fer, c'est-à-dire un minimum de 1 fr. 60 c. par tonne. Dans le cas du bateau chargé de 300 tonnes faisant un voyage de 324 kilomètres, la tonne kilométrique ressortira pour cette cause à 0ᶜ 5. Admettons que la moitié, que le tiers environ de la marchandise entraîne des dépenses de cette nature, on n'en arrivera pas moins à un chiffre d'environ 0ᶜ 20.

6° On ne voit pas figurer, dans le décompte de la Commission d'enquête, une somme si minime qu'elle soit pour l'assurance des matières transportées. C'est une lacune facile à combler : les Compagnies de chemins de fer, qui sont leurs propres assureurs, sont chargées, pour indemnités basées sur des pertes de colis ou sur des avaries, d'une somme de 0ᶜ 06 par tonne kilométrique. Les marchandises confiées aux bateaux n'auront jamais la même valeur que celles voyageant sur rails, mais les risques qu'elles courront seront plus considérables : on peut donc s'arrêter à ce chiffre de 0ᶜ 06.

7° Le salaire du marinier, prévu par la Commission, correspond à 200 fr. par voyage et à 1,000 fr. par an pour cinq voyages. Nous maintenons les 1,000 fr. et ne comptons que trois voyages : il en résulte une dépense par tonne kilométrique de 0ᶜ 34. On accorde volontiers 0ᶜ 50 par tonne kilométrique à cet ouvrier intelligent, dont la profession est rude et non exempte de responsabilité : en le taxant à 0ᶜ 34, il ne lui est payé que 7 dixièmes de cette rétribution.

De ce qui précède résulte que pour se rapprocher du véritable prix de revient de la traction d'une tonne de marchandises généralement lourdes, sur les canaux propres à recevoir des barques

de 300 tonnes, il faut remplacer le total de............ 1ᶜ 13
par le total certainement faible (droits de navigation non compris) de.................................... 1ᶜ 88

Si l'on voulait faire payer par la marchandise toutes les dépenses d'entretien des canaux et n'en laisser aucune portion à la charge de l'impôt public, il faudrait ajouter à 1 fr. 88 c. le quotient des dépenses d'entretien par le chiffre des tonnes kilométriques transportées en un an, soit, en prenant les résultats de 1867, 7,027,354 : 1.346,956,480 = 0ᶜ52, et on aurait ainsi pour une tonne, entretien du canal compris et droits de navigation réservés...................... 2ᶜ 40

Dans son étude sur toutes les réductions à faire subir au prix actuel de 1ᶜ 47, la Commission a tenté de justifier un prix inférieur à celui de 1ᶜ 13, auquel elle arrive, en s'appuyant sur la possibilité d'effectuer cinq voyages annuels au lieu de trois entre Mons et Paris. Cette supposition est inadmissible : il n'y a pas longtemps encore, le nombre de voyages était de deux seulement ; il vient d'être porté à trois. Il faut admettre que si une circulation plus active était possible, les bateliers, qui sont dans une situation signalée comme voisine de la misère, ne manqueraient pas de la réaliser afin d'augmenter leur salaire.

Nous venons de dire que le total de 1ᶜ 88 est certainement faible : nous justifions de suite cette assertion.

1° Tous les chiffres adoptés plus haut supposent un voyage de 324 kilomètres, bien plus long que celui à effectuer habituellement, même dans l'avenir, sur les voies navigables : le parcours moyen sur ces voies est aujourd'hui de 40 kilomètres ; le supposer huit fois plus considérable, c'est tomber dans une exagération évidente ; quand il sera question des chemins de fer, ce parcours sera compté pour 140 kilomètres seulement. La part a donc été faite bien trop belle à la batellerie, qui certainement ne navigue pas (droits non compris) sur le pied de 1ᶜ 47 pour les petites distances. Il n'est pas besoin de sortir de la ligne de Mons à Paris pour constater ce fait : ainsi, entre Chauny et Compiègne, distants de 37 kilomètres, les prix usuels varient de 2 à 6 fr. (5ᶜ 4 à 15ᶜ 4); entre Compiègne et Pontoise, séparés par 86 kilomètres, de 3 à 9 fr. (3ᶜ 5 à 10ᶜ 5). (Précis-Grangez, 1855). Aucune addition n'a cependant été faite pour cette cause, aux chiffres de la Commission.

2° Le bateau a été pris chargé au départ et laissé chargé à l'arrivée : lorsqu'il s'agit de houille, les manutentions sont faites, il est vrai, au compte de l'expéditeur et du destinataire; mais en sus de ces opérations, des mouvements de barque sont indispensables aux extrémités du voyage pour recevoir ou pour livrer la marchandise : l'analyse du prix de transport n'en tient aucun compte.

3° Le temps pendant lequel le marinier abandonne son bateau aux chargeurs et aux déchargeurs ne paraît pas non plus rétribué. Il y a là une omission certaine, car dans la pratique une rétribution est accordée.

4° Si les canaux doivent transporter des marchandises autres que les matières lourdes, ce n'est pas un chargement de 300 tonnes que portera le bateau; la charge, à cause de l'encombrement, sera bien moindre, et le prix de 1ᶜ 13 sera par suite de beaucoup dépassé. En réalité, la Commission l'a oublié, le fret de 1ᶜ 47, d'où a été déduit celui de 1ᶜ 13 pour un chargement de houille, ne doit s'appliquer en pratique qu'à cette matière ou à des matières similaires, et sur tous les canaux la batellerie prélève des prix gradués d'après la valeur et la réduction de densité de la marchandise. Ainsi, sur le canal de la Marne au Rhin, le fret pour les engrais et produits industriels est de 0ᶜ 2, plus fort que pour la houille : l'augmentation est de 0ᶜ 4 pour le bois à brûler et de 0ᶜ 6 pour les produits agricoles.

5° Aucune somme ne figure non plus dans le décompte pour

le courtage. La marchandise va cependant rarement au bateau sans un intermédiaire chargé de la procurer. On peut voir dans des règlements relatifs à la ligne de Mons à Paris que ce courtage s'élève à 15 fr. Il n'en est pas tenu compte.

6° Le voyage entre Mons et Paris a été supposé réalisé sur le pied de 6 fr. 25 c. par tonne de bout en bout, alors que d'après M. l'Ingénieur en chef Brière (*Des tarifs au point de vue de la concurrence étrangère*, 1880), ce prix doit être porté à 6 fr. 50 c. en été et à 7 fr. 50 c. en hiver. Le supplément de frais qui en serait résulté est volontairement laissé de côté.

Il y aurait donc des raisons sérieuses pour augmenter le total 1c 88 : ces raisons ont été négligées et c'est, en définitive, cette somme de 1c 88 qui sera adoptée dans la suite, comme prix de revient sans doute trop faible, pour la traction de la tonne kilométrique sur les canaux perfectionnés.

Elle est inférieure à celle de 2c 5 indiquée par M. l'Ingénieur Bazin, comme montant actuel de la perception faite par la batellerie et encore plus au-dessous de celle de 3 centimes à laquelle arrive M. l'Ingénieur Lucas, comme taxe moyenne des transports sur les voies navigables de la France.

L'importance donnée par tous ceux qui se sont occupés de canaux, à l'examen des frais supportés par la barque allant de Mons à Paris, a entraîné de bien nombreux détails. Il ne faudra pas le regretter, s'il est maintenant acquis que quelques éléments de dépenses ont été omis dans les comptes de voyage faits par la Commission, et doivent y être introduits, ainsi que cela a été fait.

2° *Sur les Chemins de fer.*

Il faudrait, comme travail parallèle, établir maintenant le prix de la traction proprement dite sur les chemins de fer ; mais cette recherche d'un détail de la dépense totale conduirait à d'assez longues analyses, inutiles à la solution de la question posée.

Cette solution sera plus rapidement et plus simplement obtenue, en ce qui concerne les voies ferrées, par le groupement de toutes les dépenses dites d'exploitation : traction proprement dite, entretien de la voie et des bâtiments, service des gares, frais d'administration générale, dont l'ensemble fait partie du coût du transport par wagons.

Dans le paragraphe qui va suivre, ce dernier prix ainsi que celui du transport par bateau seront fixés.

§ 2. — Coût du transport.

Avant de comparer entre elles les dépenses nécessitées par les transports, selon que le canal ou le chemin de fer est choisi comme mode de communication, il importe de bien fixer ce qu'il faut entendre par « coût du transport ».

Si, par ces mots, on entend, comme on le fait d'ordinaire, les frais payés par le commerce pour faire voyager sa marchandise, il est certain qu'à distances égales, ils sont généralement plus faibles par canal que par chemin de fer. C'est dans ce sens que l'on dit, sans développer autrement l'idée, que « les canaux sont, » sans contestation possible, la voie de transport la plus écono- » mique », ou encore, que « la facilité ainsi que l'économie des » transports peuvent être obtenus seulement par l'emploi des » lignes navigables. » (Rapports au Sénat et à la Chambre des Députés, sur le projet de loi relatif aux voies navigables, juin et juillet 1879.) Mais on sous-entend alors que, sur l'eau, le commerce paie uniquement, en sus des frais de batellerie, le droit de navigation, insuffisant pour faire rentrer l'État dans la totalité des frais d'entretien de la voie (Chap. II, § 11, 2°), et laissant ainsi à l'impôt public la charge de solder non-seulement une portion de ces frais, mais encore l'entière rétribution du capital de construction. Au contraire, s'agit-il des chemins de fer, on oublie que la somme payée au transporteur comprend, en sus des frais de traction et d'entretien complet, l'intérêt du capital de construction ainsi que l'amortissement de ce capital calculé de telle sorte que les travaux fassent, sans déboursé, retour à l'État, après la quatre-vingt-dix-neuvième année de la concession ; on oublie de plus les services gratuits ou demi gratuits que les voies ferrées rendent au pays, les impôts qu'elles lui paient. En d'autres termes, on confond les prix du fret sur eau, de la taxe sur rails, qui sont de convention, avec le coût du transport, qui est un prix de revient ; on compare la taxe moyenne de 0^f 06 payée sur les chemins de fer pour le voyage long ou court de l'unité kilométrique (voy^r ou t. de m^{cs}), et comprenant tous les éléments énumérés ci-dessus, aux frets de 0^f 015 ou de 0^f 02 pour les grands parcours ou encore à ceux de 0^f 03, 0^f 04 et plus pour les petites distances, qui sont offerts par la batellerie, mais qui grèvent de lourdes charges la Société, l'Impôt public.

La définition courante du coût du transport est donc, comme on le voit, bien simple mais incomplète et d'un laconisme trompeur : du langage de tous les jours, elle est passée malheureusement dans quelques esprits et a conduit à de fausses appréciations, à des erreurs arrivées à l'état d'aphorisme. Au point de vue social, cette définition doit être modifiée.

Pour la Société, et sur une voie quelconque, le coût du transport de l'unité de trafic à l'unité de distance est le total de toutes les dépenses nécessitées par la traction du trafic de toute nature, par l'entretien des ouvrages meubles et immeubles indispensables à la gestion, par le service des intérêts du capital affecté à l'établissement de la voie de circulation, par l'administration et le contrôle de ces dépenses, diminué des sommes dans lesquelles rentre la Société à un titre quelconque (impôts, services rendus, etc.) ; la différence ainsi obtenue étant ramenée à l'unité de trafic et au kilomètre : c'est le prix réel de revient.

En tenant compte de ces observations et des corrections à apporter aux résultats simples, mais incorrects, de la formule courante, l'avantage attribué généralement aux canaux sur les chemins de fer, au point de vue de l'économie dans les transports, doit paraître moins certain.

Entrons dans les détails et chiffrons, s'il est possible, la balance des dépenses et des recettes faites par la Société lorsqu'elle transporte, sur l'une ou sur l'autre voie, une tonne à un kilomètre.

1° Sur les Canaux.

En ce qui concerne les canaux, nous prendrons :

Comme coût de premier établissement, le chiffre de 360,000 fr. par kilomètre, c'est-à-dire le prix adopté par la loi du 5 août 1879 pour les lignes qui doivent être entreprises les premières, augmenté toutefois de 15 p. 100 (Chap. III. 2°, B.) pour perte d'intérêts durant la période des travaux ;

Comme frais d'entretien, le chiffre de 1,800 fr. Celui de 1,430 fr., moyenne des prix d'entretien de tous les canaux de France, (Commission d'enquête, Rapport n° 1,206), est en effet jugé insuffisant par tous, et d'ailleurs le maintien en bon état des ouvrages élargis, approfondis et, assure-t-on, plus fréquentés, ne peut que donner lieu à une augmentation de dépenses ;

Comme frais de traction de la tonne kilométrique, (1) 1°88,

---

(1) Le *Bulletin de statistique* (octobre 1880), publié par le Ministère, indique que les frais de transport à la charge des usagers ont été de 40 millions 088,751 fr. pour 2 milliards 4 millions 437,580 tonnes kilomé-

c'est-à-dire le prix obtenu après discussion (Chap. IV. § 1, 1°);
il suppose les voies d'eau amenées au nouveau type perfectionné
et l'usage de bateaux de 300 tonnes.

Nous ferons diverses hypothèses sur la fréquentation des
futurs canaux. Nous rechercherons aussi le prix de revient sur
des voies d'eau ne coûtant pas plus que les chemins de fer prévus dans la même loi, c'est-à-dire 200,000 fr. par kilomètre
augmentés de 15 p. 100, bien que la loi de 1879 ne laisse aucun
doute sur le prix des futures lignes navigables.

Tous les résultats obtenus seront augmentés de 20 p. 100 pour
les motifs développés au § 2 du Chapitre II.

Le tableau A qui suit résume la marche adoptée pour arriver,
dans chaque hypothèse, au prix de revient réel des transports
par canal :

triques transportées sur les voies navigables en 1878, et de 501 millions
268,136 fr. pour 1 milliard 670 millions 893,788 tonnes kilométriques transportées sur les routes nationales.

Les quotients des francs par les nombres de tonnes sont *exactement* de
2 centimes pour les voies navigables et de 30 centimes pour les routes. Ce
résultat fait craindre que les 2 et les 30 centimes n'aient été fixés à l'avance
et n'aient produit les nombres de francs indiqués plus haut, au lieu d'en
être la conséquence.

Tableau A

TONNAGE des marchandises par KILOMÈTRE	RECETTES faites par l'État — Droits de navigation par T. K.	DÉPENSES de traction et accessoires par T. K.	DÉPENSES d'entretien à 4,800 fr. par K par T. K.	CANAL A 360,000 Fn. LE KILOMÈTRE — INTÉRÊTS du capital 360.000 par U. K.	DÉPENSES TOTALES	PRIX de revient réel du transport par tonne kilométrique de toute nature	Même prix que ci-contre augmenté de 20 p. %	CANAL A 230,000 Fn. LE KILOMÈTRE — INTÉRÊTS du capital 230,000 par U. K.	DÉPENSES TOTALES	PRIX de revient réel du transport par tonne kilométrique de toute nature	Même prix que ci-contre augmenté de 20 p. %	OBSERVATIONS
1	2	3	4	5	6	7	8	9	10	11	12	13
			$\frac{1800}{(1)}$	$\frac{360.000}{20 \times (1)}$	3 + 4 + 5	6 − 2			9 + 3 + 4	(10 − 2)		
50.000T	0c22	1c88	3c60	30c00	41c48	41c26	49c51	23c00	28c48	28c26	33c91	Les frais de premier établissement ne comprennent aucune dépense pour le matériel flottant, ni pour appareils de chargement, abri, etc. Les droits perçus au profit de l'État ont donné, en 1868, un produit de 3 millions net. Le nombre des tonnes kil. a été de 1 milliard 340 millions 058,480 fr. : (Rapport n° 1,206 de la Commission d'enquête, page 9), il en résulte un droit moyen net de 0c22 par T. K.
100.000	id.	id.	1 80	18 00	21 68	21 46	25 75	11 50	15 18	14 96	17 95	
200.000	id.	id.	0 90	9 00	11 78	11 56	13 87	5 75	8 53	8 31	9 97	
266.000	id.	id.	0 68	6 77	9 33	9 11	10 93	4 32	6 88	6 66	7 99	
300.000	id.	id.	0 60	6 00	8 48	8 26	9 91	3 83	6 31	6 09	7 31	
350.000	id.	id.	0 51	5 14	7 53	7 31	8 77	3 29	5 66	5 41	6 53	
400.000	id.	id.	0 45	4 50	6 83	6 61	7 93	2 88	5 21	4 99	5 99	
500.000	id.	id.	0 36	3 60	5 81	5 62	6 74	2 30	4 54	4 32	5 18	
600.000	id.	id.	0 30	3 00	5 18	4 96	5 95	1 92	4 10	3 88	4 66	
700.000	id.	id.	0 26	2 57	4 71	4 49	5 39	1 64	3 78	3 56	4 27	
800.000	id.	id.	0 23	2 25	4 36	4 14	4 97	1 44	3 55	3 33	4 00	
1.000.000	id.	id.	0 18	1 80	3 86	3 64	4 37	1 15	3 21	2 99	3 59	
1.500.000	id.	id.	0 12	1 20	3 20	2 98	3 58	0 77	2 27	2 55	3 03	
1.750.000	id.	id.	0 10	1 03	3 01	2 79	3 35	0 66	2 61	2 42	2 90	
2.000.000	id.	id.	0 09	0 90	2 87	2 65	3 18	0 58	2 55	2 33	2 80	

2° *Sur les Chemins de fer.*

En ce qui concerne les chemins de fer, il convient d'établir deux catégories :

La première comprendra les lignes à faible produit, comme celles prévues par la loi d'août 1879, qui ne doivent pas compter sur des recettes de beaucoup supérieures à 8,000 fr. par kilomètre (Sénat : 12 juillet 1879, M. Varroy), qui doivent coûter 230,000 fr. le kilomètre (Chap. III, 2°, A) et être exploitées dans des conditions de stricte économie.

La seconde comprendra les lignes à grand trafic : le type en sera fourni par les réseaux des six grandes Compagnies.

Pour les lignes à faible trafic, on admettra que le nombre d'unités kilométriques de grande vitesse est les 177 : 135 du nombre de pareilles unités de petite vitesse (1), que la dépense d'exploitation, traction, voies, gares, trains, administration, est donnée par la formule indiquée par M. l'Ingénieur Baum (2,800 fr., plus un tiers de la recette brute), et que les profits réalisés par l'État soit par suite d'impôts, patentes, timbres propres aux chemins de fer, soit par suite des économies provenant de transports gratuits ou à prix réduits ont une valeur de 1ᶜ 36 par unité kilométrique, valeur obtenue ainsi qu'il sera dit plus loin.

Pour les deux catégories, on comptera pour rémunérer le capital de construction, un intérêt de 5 p. 100.

D'où résulte le tableau suivant :

(1) D'après les documents statistiques publiés par le Ministère pour l'année 1877, le mouvement, sur les 1,979 kilomètres de chemins de fer d'intérêt général, pris en dehors des lignes des six grandes Compagnies, a été de 177 millions 463,000 voyageurs kilométriques pour 131 millions 894,000 tonnes kilométriques.

Tableau **16.**

TONNAGE des marchandises ou unités de P. V.	UNITÉS de grande vitesse	TOTAL des UNITÉS	Chemins de fer à 230,000 fr. le kilomètre.						
			DÉPENSES				DÉPENSES TOTALES y compris l'impôt G. V.	PROFITS réalisés PAR L'ÉTAT provenant d'impôts et services rendus	PRIX de revient réel DU TRANSPORT
			D'EXPLOITATION		D'INTÉRÊTS du prix de construction (230.000f) par unité kilométrique	TOTALES par unité kilométrique			
			Impôts de G. V. et de P. V. non compris, par kilomètre	par unité kilométrique					
Par kilomètre							Par unité kilométrique		
50.000 t	65.500 "	115.500 c	5.110 f	4 c 42	9 c 96	14 c 38	15 c 02	1 c 36	13 c 66
65.000	85.000	150.000	5.800	3 87	7 67	11 54	12 18	Id.	10 82
100.000	131.000	231.000	7.420	3 21	4 98	8 19	8 83	Id.	7 47

A ce tableau fait naturellement suite un tableau analogue concernant les lignes à grand trafic.

Les frais de construction et d'exploitation y seront représentés par les chiffres mêmes des dépenses faites par les six grandes Compagnies prises comme types, mais les premiers seront augmentés des subventions accordées par l'État, lors de leur formation ; on y admettra, comme d'ailleurs cela a été admis dans le tableau précédent, que le transport du voyageur kilométrique coûte autant que celui de la tonne kilométrique ; on y acceptera la transformation du transport des messageries et des bestiaux en unités kilométriques de grande ou de petite vitesse d'après le mode recommandé par un auteur déjà cité, M. l'Ingénieur Baum ; on adoptera pour montant des profits annuels et directs faits par l'État, soit sous forme d'impôts, soit sous forme de service rendus, la somme de 200 millions dont il a été traité au Chapitre II, § 11, et on fera ressortir le quotient de cette somme par l'ensemble du mouvement kilométrique sur les grandes lignes ferrées ; dans l'impossibilité d'établir ces profits pour chacun des réseaux, le quotient moyen 1ᶜ 36, obtenu ainsi qu'il vient d'être dit, sera appliqué à chacun d'eux.

Le tableau C, ci-après, donne la suite des opérations conduisant au prix de revient réel pour la Société du transport par unité kilométrique de toute nature, pendant l'année 1877, sur chaque réseau adopté comme type.

Ce prix, il faut le remarquer, ne saurait être le même que celui propre aux Compagnies ; certains éléments le modifient : ainsi, les Compagnies ont reçu des subventions de l'État, font à son profit des transports à prix réduits dont les dépenses grèvent leur budget, rémunèrent autrement le capital de construction, etc., en un mot le prix de revient des Compagnies tient compte de charges et de recettes autres que celles entrant dans le prix de revient de la Société.

Tableau C.

DÉSIGNATION des RÉSEAUX de chemins de fer pris comme types pour le trafic et les dépenses	PRIX de construction y compris subvention et matériel roulant	TONNAGE des marchandises et bestiaux ou unités de petite vitesse	UNITÉS de voyageurs et messageries ou unités de grande vitesse	TOTAL des UNITÉS	DÉPENSES					PROFITS réalisés par l'État pour services rendus et impôts	PRIX de revient réel de transport de l'unité kilométrique de toute nature	OBSERVATIONS
					DE TRANSPORT de toute nature impôts non compris par kilomètre	Par unité kilométrique de toute nature	D'INTÉRÊTS du prix de construction par unité kilométrique	TOTALES par unité kilométrique	TOTALES par unité kilométrique y compris l'impôt de grande vitesse			
	PAR KILOMÈTRE											
1	2	3	4	5	6	7	8	9	10	11	12	13
	F	T	U	U	F	c						
Midi............	401.810	283.510	243.063	526.575	16.595	3 15	3c 81	6c 96	7c 46	1c 36 (a)	6c 10	(a) Prix moyen pour l'ensemble des réseaux ; il a été appliqué à chacun d'eux.
Ouest............	481.240	342.204	407 945	750.149	23.756	3 17	3 21	6 38	6 96	id.	5 60	L'impôt de la grande vitesse s'élève pour l'ensemble des réseaux à 67.158.280 fr.
Orléans............	384.985	344.969	239 983	584.952	17.416	2 98	3 29	6 27	6 75	id.	5 39	Celui de la petite vitesse, dont il n'est nullement question dans le tableau, est de 21.300.000 fr.
Est	400.727	430.907	317.125	748.032	26.154	3 50	3 08	6 58	7 01	id.	5 65	L'intérêt qui figure à la colonne 8 comprend l'intérêt des subventions accordées aux Compagnies, lors de leur formation.
Moyenne des six types.	460.550	467.528	325.146	792.674	23.210	2 93	2 90	5 83	6 29	id.	4 93	
Paris-Lyon-Médit.	532.938	604.117	326.206	950.323	23.385	2 51	2 86	5 37	5 80	id.	4 44	
Nord............	464.913	778.366	489 287	1.261.653	32.311	2 56	1 84	4 40	4 82	id.	3 46	

*3° Comparaisons entre les prix de revient des transports
sur voies d'eau et sur voies de fer.*

Comparons les résultats fournis par les tableaux A, B, C;
établissons ainsi un parallèle entre les prix de revient réels des
transports par chemins de fer et par canaux :

A. — La contrée qui fournit un trafic de 50,000 tonnes de
marchandises par kilomètre et par an entraînant un mouvement de 65,500 voyageurs peut, avec un chemin de fer coûtant
230,000 fr. par kilomètre, effectuer ses transports de grande
et de petite vitesse au prix de revient de 13ᶜ 66.

Avec un canal, ne donnant lieu qu'à cette même dépense pour
son premier établissement, le prix de transport atteindrait
33ᶜ 91 et ne serait pas acceptable.

B. — Si le pays peut fournir 65,000 tonnes de marchandises,
et par suite 85,000 unités de grande vitesse, le prix moyen de
transport sur rails, nécessaire pour couvrir les frais de toute
nature, construction et exploitation, est de 10ᶜ 82.

C. — Avec 100,000 tonnes de marchandises, et les 131,000
unités de grande vitesse par lesquelles elles sont accompagnées
ainsi que cela se vérifie en pratique, le prix de revient sur rails
n'est plus que de 7ᶜ 47, prix moyen très acceptable par le public,
et le chemin de fer peut vivre à l'aide de ses propres ressources
sans emprunt, sans garantie.

Sur un canal, le prix de revient s'élèverait à 25ᶜ 75 ou à 17ᶜ 95,
selon que la dépense de premier établissement aurait été de
360,000 fr., ou de 230,000 fr. par kilomètre.

D. — Pour un trafic de 283,500 tonnes de marchandises par
kilomètre, qui est celui des contrées desservies par les rails
dans le Midi de la France, le mouvement de grande vitesse qui
l'accompagne fait abaisser le prix de revient de l'unité kilo-

métrique à 6°10. Ce trafic en marchandises est très voisin de celui de 266,000 tonnes ayant emprunté en 1868 (Rapport n° 1,206 de la Commission d'enquête, page 9) l'ensemble des canaux français : le tableau A indique que le prix de revient du transport par eau serait de 10°93 ou de 7°99, selon le coût du canal.

E. — Si sur des canaux coûtant 360,000 fr. le kilomètre, on suppose un mouvement de 350,000 tonnes, plus fort d'un sixième que celui de 303,800 tonnes, réalisé en 1878 sur les 3,634 kilomètres de canaux administrés par l'État (Album du Ministère des Travaux Publics), on arrive à un prix de revient, pour la Communauté, de 8°77 par tonne kilométrique.

Le chemin de fer type d'Orléans, dont le trafic en marchandises est de 345,000 tonnes, montre que le transport de l'unité kilométrique ne ressort pour la Nation qu'à 5°39.

Entre autres avantages procurés par l'emploi des rails, il y a donc, avec ces conditions de trafic et de prix de premier établissement, une économie annuelle de 11.830 fr. par kilomètre, à remplacer les canaux par des chemins de fer.

Dans le cas où le canal, transportant 350,000 tonnes par kilomètre, ne coûterait que 230,000 fr., il y aurait encore économie de 3,990 fr. par kilomètre à employer un chemin de fer.

F. — Si l'on considère un canal dont chaque kilomètre est emprunté par 500,000 tonnes, le tableau A prouve que, pour une dépense de construction de 360,000 fr., le prix de revient est de 6°74.

Un pareil trafic de marchandises sur chemin de fer serait compris entre le mouvement du type Paris-Méditerranée et celui du chemin moyen entre les types fournis par les six grands réseaux ; le prix de revient du transport de l'unité kilométrique s'établirait à 4°81.

La voie de fer offrirait donc sur la voie d'eau un avantage de 1°93 par unité kilométrique.

G. — Un mouvement de 600,000 tonnes par canal donne un prix de revient de transport de 5°95.

Sur la ligne-type, Paris-Méditerranée, ce prix est de 4°41 pour le même trafic en marchandises.

H. — Au mouvement de 800,000 tonnes par canal correspond le prix de revient de 4°97, dans l'hypothèse d'un canal à 360,000 fr. le kilomètre, et celui de 4 centimes si le canal ne coûte que 230,000 fr.; sur le chemin de fer, type Nord (ancien et nouveau réseau), le tonnage moyen des marchandises est un peu inférieur et le prix de revient réel n'y ressort qu'à 3°46.

I. — Pour continuer la comparaison, on peut prendre une section de chemin de fer où le mouvement kilométrique annuel soit de 1 million 750,000 tonnes, par exemple celle de Paris à Amiens, sur le chemin de fer du Nord, et s'assurer que le prix de revient réel de l'unité kilométrique ressort alors à 2°49. Avec un pareil mouvement sur la voie d'eau, ce prix s'élèverait, ainsi que le montre le tableau A, à 3°35 ou à 2°90, selon que le canal coûterait 360,000 ou 230,000 fr. par kilomètre.

Les résultats de ces diverses comparaisons peuvent se résumer ainsi :

Pour les faibles circulations, comparables à celles des routes nationales, c'est-à-dire pour celles atteignant 50,000, 100,000 tonnes kilométriques par an, la construction d'un canal est onéreuse à la Société; au contraire, un chemin de fer permet de réaliser une économie.

Avec un mouvement de 200,000 tonnes et plus, par kilomètre et par an, le canal transporte toujours à prix plus élevés que la voie de fer; mais la différence entre les prix de transport sur les deux voies diminue à mesure que le trafic augmente.

Dans les conditions de dépenses de premier établissement, admises pour les deux voies, un rapprochement sensible entre les prix de revient de transport pour la Société n'a lieu que lorsque le mouvement des marchandises est voisin de 2 millions de tonnes par kilomètre et par an; l'égalité peut exister entre ces prix, si les dépenses de construction du canal sont, par exception, notablement inférieures à celles du chemin de fer.

Outre les avantages considérables, dont les chiffres ne peuvent le plus souvent donner la mesure, et qui ont été mis en lumière du commencement à la fin de notre étude; indépendamment de moindres dépenses à consacrer d'une manière générale à leur premier établissement et des facilités inappréciables qu'ils présentent pour la circulation des personnes et de toutes choses ayant besoin de vitesse, les chemins de fer ont donc sur les canaux, et précisément parce qu'ils se prêtent à des transports rapides leur amenant un trafic de voyageurs s'ajoutant à un trafic de marchandises, une supériorité incontestable pour résoudre le problème des échanges de toute nature, aux prix les moins onéreux pour la Société.

Donner la préférence à un canal sur un chemin de fer est donc faire un acte essentiellement anti-économique, sauf dans le cas où ce canal pouvant être construit à un prix exceptionnellement faible pourrait compter en même temps sur un trafic exceptionnellement considérable.

4° Mesure de l'utilité économique des routes, des canaux et des chemins de fer.

Ce n'est pas aujourd'hui seulement que naît la préoccupation de savoir quelle place doivent occuper les canaux et les chemins de fer les uns par rapport aux autres, comme par rapport aux routes de terre.

En 1844, la *Revue indépendante* soulevait cette question et publiait, sous la signature de M. Teisserenc, les lignes suivantes :

« Un canal coûte-t-il de premier établissement 240,000 fr.
» par kilomètre, il n'est justifiable qu'autant qu'il peut attirer un
» mouvement de 100,000 tonnes parcourant chaque kilomètre.
» En effet, 100,000 tonnes portées par le roulage coûteraient, après
» déduction faite des frais de commission, d'assurances, de
» chargement et de camionnage, qui pèsent aussi bien sur les
» transports par eau que sur les transports par terre, 16 cent.
» par tonne et par kilomètre, soit en tout 16,000 fr. Portées sur le
» canal, elles reviendraient à pareille somme, savoir : pour
» intérêts des dépenses de construction, 12,000 fr. ; pour entre-
» tien et administration du canal, 2,000 fr. ; pour halage, à
» raison de 2 centimes par tonne et par kilomètre, 2,000 fr. Total
» égal 16,000 fr. »

Pendant la discussion de la loi du 5 août 1879, les orateurs
du gouvernement ont indiqué une règle brève et saillante pour
chiffrer l'utilité relative des voies de fer et des routes : ils ont
dit que, sur les premières, les transports étaient payés 6 centimes environ et sur les secondes 30 centimes environ, par tonne
et kilomètre, et qu'ainsi la communauté réalisait, par le fait de la
substitution des chemins de fer aux routes, une économie égale
à trois ou quatre fois le montant de la taxe payée pour les transports sur rails.

Pour obtenir la valeur relative économique des trois modes de
circulation, n'est-il pas préférable de laisser de côté les prix
prélevés par les exploitants et de prendre les prix de revient
comme point de départ ?

Sur les 37,084 kilomètres de routes nationales, la circulation
annuelle est de 45,057 tonnes de marchandises de bout en bout
(chiffre moyen de 1876), ou de 1 milliard 670 millions 893,788
tonnes kilométriques ; les frais de transport à la charge des
usagers se sont élevés, d'après le Bulletin de statistique publié
en octobre 1880 par le Ministère, au chiffre peut-être exagéré

de 13,517 fr. par kilomètre ou de 30 centimes par tonne. Adoptant 20 centimes comme prix unitaire de la traction, les frais de cette nature par kilomètre de route seraient de 9,000 fr. Y ajoutant 5,750 fr. pour intérêt du capital de premier établissement et montant de l'entretien, on a un total qui, divisé par le trafic, donne pour prix de revient du transport de l'unité kilométrique sur route.. $32^c 73$

Si cette route, à trafic moyen, était remplacée par un canal, ce prix de revient ressortirait, dans l'hypothèse d'une dépense de 230,000 francs seulement par kilomètre de canal (Tableau A) et pour un mouvement de 50,000 tonnes, très voisin de celui de 45,057 tonnes, à................................... $33^c 91$

Si elle était remplacée par un chemin de fer coûtant 230,000 fr. les prix ci-dessus seraient amenés à environ (Tableau B).. $13^c 66$

Ainsi, on peut dire que pour un mouvement de 50,000 tonnes de marchandises, et avec les dépenses de premier établissement ci-dessus admises, les prix de revient sur les voies de fer, qui entraînent un mouvement de 65,500 voyageurs, sur celles de terre ou d'eau, qui ne supposent aucun mouvement de personnes, sont dans les rapports de 100 : 240 : 248.

Pour le mouvement moyen sur chacune des trois voies, savoir :

De 45,000 tonnes sur les routes nationales ;

De 300,000 tonnes sur les canaux ;

Et de 792,674 unités de marchandises ou de voyageurs sur les six grands réseaux ferrés.

Les prix de revient sont :

Pour les routes, de............................. $32^c 73$

Pour les canaux, suivant le coût de leur construction....................................... { 9 91 / 7 31

Pour les chemins de fer........................ .... 4 95

Il est donc permis de dire que l'établissement des chemins de fer a réduit les dépenses de la communauté, comparativement à celles que nécessitaient les transports sur routes, dans la proportion de.................................... 661 : 100
et comparativement à celles des transports sur canaux, dans la proportion de................................ 200 : 100
ou de.. 147 : 100
suivant les dépenses faites pour l'établissement de ces dernières voies.

CHAPITRE V

RÉSUMÉ ET CONCLUSIONS

---

§ 1. — **Résumé.**

Récapitulons, en peu de mots, tout ce qui précède.

Les canaux de la France ont été établis, avec raison, dans les régions présentant les plus grandes facilités pour leur construction ; si quelques-uns, en l'absence d'autres moyens de grande communication, ont abordé des contrées relativement difficiles, c'est qu'ils y étaient appelés par un trafic jugé très important.

Tout développement de ces voies, comme par exemple celui défini par la loi de 1879, doit donc avoir pour résultat des dépenses de construction plus grandes que celles antérieurement faites, en même temps qu'il présentera un moindre mouvement de marchandises ; d'où résulte que les canaux à construire, abstraction faite des chemins de fer, donneront des résultats économiques moins satisfaisants que les canaux déjà établis. L'extension de ces voies sera d'ailleurs limitée par les forts reliefs de la partie centrale de notre territoire, dans laquelle les voies d'eau ne pénétreront que très difficilement ; quelque grande qu'on la suppose, on peut affirmer que les canaux pourront constituer des lignes d'échange isolées, mais qu'ils ne constitueront jamais un réseau général.

Les chemins de fer ont montré qu'ils pouvaient être établis en tous lieux ; les canaux, au contraire, ne s'accommodent que des pays peu montagneux ; les premiers peuvent transporter les personnes et les marchandises, les seconds ne s'adressent qu'à ces dernières et les transportent moins rapidement, moins régulièrement, moins commercialement que les rails.

D'une manière générale, les chemins de fer n'entraînent pas pour leur construction plus de dépenses que les canaux ; d'ailleurs, ceux restant à faire pour compléter le réseau ne coûteront que 230,000 fr. par kilomètre, tandis que les canaux projetés qui n'abordent pas les contrées les plus difficiles, qui ne constitueront jamais, comme les voies ferrées, un ensemble se reliant par mille points, sont estimés 360,000 francs.

Quant aux prix de revient des transports, si l'on tient compte de tous les éléments de la question et des intérêts généraux de la Société, ils ressortent à un taux moins élevé sur les chemins de fer que sur les canaux.

Si ces résultats de la comparaison entre les deux natures de voies sont exacts, il faut en conclure qu'il importe de s'abstenir de créer de nouveaux canaux.

§ 2. — Établissement de nouveaux canaux.

Une seule exception est à faire à cette conclusion générale.

Il a été dit en effet que les prix de revient des transports pouvaient être les mêmes, pour les deux natures de voies, lorsque la voie d'eau coûtant, par exception, beaucoup moins que le chemin de fer, est parcourue de bout en bout par 2 millions de tonnes environ.

Un canal peut donc se justifier dans les régions du Nord et du Rhône où abondent les marchandises de toute nature, notamment les houilles, et où se font sentir en même temps les besoins d'approvisionnement de l'immense marché de Paris.

Mais en dehors de ces contrées où peuvent prospérer des voies de toute nature, à côté d'un réseau de voies de fer qui sera de plus en plus serré parce que ces voies répondent, en dehors des besoins de transports à petite vitesse, à des besoins de locomotion rapide pour les personnes, vouloir créer un canal serait faire une œuvre essentiellement regrettable. Lancer aujourd'hui une voie d'eau nouvelle à travers les faîtes que les chemins de fer coupent trois fois, six fois et plus ; augmenter le mouillage de rivières formant des impasses alors qu'elles sont longées ou très souvent touchées par des rails se rattachant à tous les rails de France, serait incontestablement une faute. Ce serait élargir la singulière situation signalée par la Commission d'enquête (Rapport n° 2,474) à l'occasion de certains canaux, où le commerce profite par une subvention déguisée de transports à 2, 3, 4 ou 5 centimes, alors que la Société paie 3° 45, 5° 50, 9° 90 ou 11° 12, rien que pour intérêt des capitaux engagés dans leur construction. Là où des chemins de fer, avec leur double trafic de grande et de petite vitesse, ne vivent que très difficilement, un canal, uniquement utilisé pour les marchandises, ne saurait prospérer et sa construction serait une charge sans compensation pour la Société. Quand de nombreux canaux prospèrent dans une contrée, des lignes de fer doivent incontestablement venir à leur suite pour le transport des personnes et des colis ayant besoin de vitesse, comme on le voit notamment dans les Flandres ; mais la réciproque n'est point exacte, surtout lorsque les chemins n'arrivent pas à faire leurs frais.

A-t-on donc oublié que la plus grande portion du réseau ferré a été obligée jusqu'à ce jour, pour faire honneur à ses affaires, d'emprunter, chaque année, une quarantaine de millions au budget, et peut-il, dans cette situation, exister une raison sérieuse poussant l'État, le représentant des intérêts de tous, à la création de nouvelles voies d'eau ?

Déjà des concurrences existent entre voies d'eau et voies de fer : pense-t-on que le pays s'en trouve bien ? On ne manque pas de dire que la première est un frein pour la seconde, qu'elle réduit l'effet de son monopole.

Ce qui est plus exact, c'est, en premier lieu, que la construction d'un canal doublant un chemin de fer éloigne le moment où les grandes artères ferrées pourront d'une manière générale faire des abaissements sur leurs taxes ; celles-ci peuvent être d'autant plus faibles que les quantités transportées sont plus fortes. C'est, en second lieu, que la création du frein entraîne plus de dépenses qu'elle n'amène de réductions dans le coût des transports. C'est donc à charger les rails que la Société doit tendre et non à leur enlever la matière transportable quelle qu'elle soit.

Les faits prouveront, trop tard peut-être, que les dépenses consenties pour jeter une certaine quantité de marchandises sur les voies d'eau nouvelles et même sur bon nombre de celles anciennement établies sont une véritable perte pour la Société. Les chemins de fer, obéissant aux exigences des populations, compléteront inévitablement leur réseau, dès aujourd'hui fixé à 42,000 kilomètres ; il sera si serré et atteindra des pays si inabordables aux canaux, que nulle marchandise ne pourra passer dans les vides de ses mailles. Peut-on espérer qu'une fois confiée aux rails, la marchandise les abandonnera ? ce serait une grave erreur ; les exploitants quels qu'ils soient sauront bien l'y retenir. Qu'auront donc à transporter les canaux établis à grands frais ? Une part des marchandises qui, nées sur leur tracé, pourront subir des allongements de parcours et de délais avant de s'y faire consommer, et par suite un trafic trop peu important pour qu'ils puissent payer leurs dettes, celle des intérêts du capital consacré à leur établissement ainsi que celles de leur entretien : la Société s'en trouvera grevée, et ce trafic aura été enlevé aux chemins de fer. De prospères qu'ils auraient pu être, ils seront peut-être misérables et ne pourront tenter des réductions de tarifs : ce n'est certes pas le but que le public veut atteindre.

§ 3. — Arguments du commerce en faveur des canaux.

Le commerce ne manquera pas de faire valoir que les faveurs accordées par le passé aux canaux sont précisément ce qu'il recherche, lorsqu'il réclame le développement de ces voies ; il ajoutera que les droits de navigation sont pour lui une trop lourde charge, bien qu'ils aient été tellement abaissés qu'ils ne couvrent plus les dépenses nécessaires pour le maintien des travaux en bon état ; il allèguera enfin que les bas prix auxquels les voies d'eau peuvent conduire sont indispensables à la continuation de ses affaires, à l'ouverture de nouveaux marchés et à sa lutte avec les pays voisins.

Si le commerce et l'industrie ont raison dans la cause qu'ils soutiennent, s'il leur est de toute nécessité de jouir au moins pour la circulation de certaines matières, des prix de la seule traction sur eau, la question s'impose de rechercher comment ce besoin pourrait recevoir satisfaction sans l'aide de ces canaux qui par tradition jouissent de faveurs publiques, leur permettant d'offrir des frets plus bas que ne peuvent le faire tous autres modes de communication, sans qu'en réalité ils soient, au point de vue des intérêts de tous, la voie la plus économique.

§ 4. — Moyen proposé pour abaisser la taxe de certaines matières, sur les chemins de fer.

Dans cet ordre d'idées, l'État ne pourrait-il pas dire aux Compagnies exploitantes :

Vous transportez les houilles et les engrais, par exemple, à des prix trop élevés pour que ces matières produisent tous les avantages qu'en attend la Nation; j'abandonne l'idée de créer, pour vous faire concurrence, de nouvelles lignes de navigation; toutes les marchandises arriveront donc à l'avenir à vos rails : mais les transports de cette nature seront effectués par vous à raison de 1 centime et un tiers aussitôt que le parcours dépassera un chiffre à déterminer; je prends à ma charge le péage qui vous est dû, c'est-à-dire la portion du prix de transport correspondant à la dépense de premier établissement. Ainsi sera étendue aux chemins, au moins pour la houille et les engrais, la faveur en pratique sur les canaux. De plus, et comme il importe de ne pas faire courir de risques à votre crédit, comme vous ne pouvez par suite entreprendre sous votre responsabilité l'expérience de réduction de prix réclamée par le public, je garantis non-seulement la recette qui vous est acquise jusqu'à ce jour, mais encore son accroissement normal, et j'affecte à cette garantie les intérêts du capital que je suis autorisé à dépenser pour des lignes nouvelles de navigation.

Il semble qu'il y aurait là un commencement de solution.

Les transports de houilles et d'engrais à toutes distances ne donnent pas aux lignes françaises plus de 65 millions de recettes annuelles; si donc on limitait aux longs parcours de ces matières qui jouissent déjà de taxes variant de 3 centimes à 3,5 l'application du nouveau prix de 1°33, il est permis de penser que le risque de l'État ne porterait pas sur plus de 15 millions.

On peut même ajouter que ce risque serait plus fictif que réel, car une pareille baisse de prix sur les houilles et les engrais entraînerait un accroissement de la production nationale et donnerait incontestablement à la Société des revenus dépassant largement la somme engagée.

Cette solution peut présenter des difficultés d'exécution, mais elle n'est pas, croyons-nous, irréalisable. Si elle l'était, peut-on douter que quand on dispose de la garantie d'intérêts, de la fixation du déversoir et qu'on se trouve en présence du retour gratuit des chemins de fer à l'État, vers le milieu du siècle prochain, on n'arrive à en trouver une autre donnant toute satisfaction aux intérêts en présence ? Ne peut on même espérer qu'en présence du profit annuel et toujours croissant de 200 millions (Chap. II, § 11) assuré par les chemins de fer à l'État, sous forme d'impôts et de services rendus ; qu'en face d'une petite fraction de ce revenu, prise pour les 67 millions de l'impôt sur les transports à grande vitesse (1), il soit possible de trouver une solution à double effet, c'est-à-dire de nature à amener des dégrèvements dont jouiraient d'une part les voyageurs et les messageries, et d'autre part quelques marchandises de nature définie, à la condition de longs parcours ?

Vouloir comprendre dans la réduction toutes les marchandises sans distinction aucune, serait sans aucun doute superflu ; le problème ne se pose aujourd'hui que pour les matières ayant besoin de voyager à grande distance et intéressant le plus le

---

(1) En 1879, les profits se sont élevés pour l'État à 225 millions 557,159 fr., dont 148 millions proviennent de sommes versées par les Compagnies et 77 millions d'économies réalisées à titres divers. L'impôt perçu sur le transport des voyageurs et des messageries s'est élevé à 74 millions 500,000 francs.

commerce, l'agriculture et l'industrie, pour celles enfin devenues indispensables dans la lutte pacifique des peuples. C'est pour cette lutte qu'il faut nous armer, qu'il faut doter la France d'un outillage aussi parfait, aussi complet que possible. Pour y parvenir, il importe de se garder par dessus tout des entraînements irréfléchis et des études ne tenant pas entièrement compte de tous les éléments d'une question bien complexe.

ANNEXE

RENSEIGNEMENTS DIVERS

SUR LES RIVIÈRES ET LES CANAUX

EXTRAITS EN GRANDE PARTIE

DES RAPPORTS DE LA COMMISSION D'ENQUÊTE PARLEMENTAIRE

Sur le système des voies navigables de la France (1872-1874)

DÉSIGNATION DES RIVIÈRES ET DES CANAUX	LONGUEUR	VERSANTS			DÉBITS		DÉPENSES faites à diverses époques, par kilomètre	DÉPENSES restant à faire par kilomètre, d'après la Commission d'enquête	COUT KILOMÉTRIQUE définitif	DATES des dépenses faites	OBSERVATIONS
		Longueurs	Hauteurs	Pente moyenne par kilomètre	d'étiage	des hautes crues					
	M.	M.	M.	M.	M. C.	M. C.	F.	F.	F.		
Groupe du Nord et Pas-de-Calais.											
Canal de la Sensée. (Escaut-Scarpe.)....	29.050	8.790 4.410	1.14 3.64	0.13 0.83	» »	» »	152.300	»	152.300	Lois de 1818 et 1863	Inscrit pour une dépense de 1 million 130,000 fr. au projet de loi de 1879.
Canal d'Aire à la Bassée. (Lys-Deule.)....	45.000	»	»	»	»	»	226.934	28.888	255.822	1271 1650 1774 1822 1863	Id. 1 million 120,000 fr.
Canal de Neuffossé. (Lys-Aa.).........	17.950	»	»	»	»	»	222.840	19.500	242.340	1750-1774	Id. 950,000 fr.
Aa...............	28.400	28.400	0.90	0.03	»	»	28.000	»	28.000	1320-1665 1837	Id. 670,000 fr.
Escaut français.......	63.100	63.100	29.71	0.47	»	»	33.000	»	»	de 1835 à 1840 et antérieur	Non compris les dépenses antérieures à 1835.
Scarpe...............	66.948	24.000 7.000 36.000	25.44 8.47 7.56	1.06 1.21 0.21	1 2.50 6	15 17 37	53.000	22.400	75.400	Antérieur au XIX siéc. de 1818 à 1867	
Deule canalisée.......	65.700	65.700	10.52	0.16	2.00 2.80	5.00 13.50	145.000	22.000	167.000	Antérieur au XIX siéc. de 1815 à 1862	Inscrit pour une dépense de 3 millions. Débits pris aux extrémités de la partie canalisée.
Canal de Roubaix. (Deule-Escaut.).....	20.350	9.460 7.380	19.75 16.05	2.09 2.18	»	»	270.270	98.280 achèvement	368.550	de 1826 à ce jour	Inscrit pour une dépense de 500.000 fr.

Lys canalisée.........	53.000	53.000		0.15	»	»	16.000	18.800	34.800	1670 1828	Inscrit pour une dépense de 1 million 550,000 fr. au projet de loi de 1879.
Canaux d'Hazebruck..	24.700	4.700		0.20	»	»	16.000	28.300	44.300	1580 1846	Id. 170,000 fr.
Canal de Bourbourg..	20.840	20.840	2.16	0.10	»	»	55.700	180.000	235.700	1760 1873	Id. 460,000 fr.
Canal de Dunkerque à Furnes.............	13.500	13.500	0.00	0.00	»	»	120.000	30.000	150.000	1638 1806 1828	Id. 544,200 fr.
Canaux des Wateringues et de Calais...	57.400	»	»	»	»	»	64.000	17.000	81.000	XVIIe siècle	Id. 390,000 fr.
Groupe de la Somme.											
Canal de la Somme ...	156.600	156.600	62.09	0.40	»	»	85.441	»	86.100	1724 1786 1821 1868	
Groupe de l'Oise.											
Canal de St-Quentin.. (Oise, Somme, Escaut.).............	96.350	28.440 22.700 24.750	25.44 17.00 30.07	0.89 0.75 1.21	»	»	266.000	»	266.000	1792 1769 1802 1810	La dépense restant à faire sur le canal, y compris l'Escaut, le canal latéral à l'Oise et l'Oise canalisée figure pour 8 millions 500,000 fr. au projet de loi de 1879.
Sambre canalisée.....	54.446	54.446	11.59	0.21	»	»	55.147	182.000	237.147	1696 1826 1835	
Canal de la Sambre à l'Oise.............	67.032	11.910 48.232	5.60 89.48	0.47 1.84	»	»	188.600	182.000	370.600	1825 839	

DÉSIGNATION DES RIVIÈRES ET DES CANAUX	LONGUEUR	VERSANTS			DÉBITS		DÉPENSES faites à diverses époques, par kilomètre	DÉPENSES restant à faire par kilomètre, d'après la Commission d'enquête	COUT KILOMÉTRIQUE définitif	DATES des dépenses faites	OBSERVATIONS
		Longueurs	Hauteurs	Pente moyenne par kilomètre	d'étiage	des hautes crues					
	M.	M.	M.	M.	M. C.	M. C.	F.	F.	F.		
Groupe de l'Oise. *(Suite.)*											
Aisne canalisée.......	56.500	56.500	9.80	0.17	7	550	50.000	28.800	78.800	1837	Reste à dépenser 1 million 500,000 fr. d'après rapport joint à la loi de 1879.
Canal latéral à l'Aisne.	51.500	51.500	17.40	0.34	»	»	113.011	28.800	141.811	1837 1841	Id. 1 millions 200,000 fr.
Canal des Ardennes, (Meuse et Aisne.) et Embranchement.	105.100	20.560 62.790 12.100	17.15 106.23 8.70	0.83 1.69 0.72	»	»	146.778	28.800	175.578	de 1820 à 1861	Id. 3 millions 500,000 fr.
Canal de Manicamp...	4.851	»	»	»	»	»	61.900	»	61.900	1821	
Canal latéral à l'Oise..	28.839	28.839	10.60	0.37	»	»		»		1825	Voir le canal de St-Quentin. Débit à Compiègne.
Oise canalisée.......	105.200	105.200	11.23	0.10	13	»	44.648	»	44.648	1831	
Groupe de la Marne.											
Rivière de Marne et dérivations de Saint-Dizier à Charenton..	309 620	309.620	118.00	0.38	8 14	950 1.500	120.000	14.700	134.700	de 1837 à 1864	Comprise pour 2 millions au projet de loi de 1879. Débits à Châteauthierry. Id à St-Maur.
Can. latér. à la Marne : De Dizy à Vitry.......		63.100	28.07	0.25	»	»	127.000	14.700	141.000	1837 1845	
De Vitry à St-Dizier...	133.500	39.300	»	»	»	»	212 000	14.700	226.700	1861	Compris pour une dépense de 460,000 fr. au projet de loi de 1879.
De St-Dizier à Donjeux.		31.100	»	»	»	»	235.000	14.700	249.700	1868 1874	

Canal de l'Aisne à la Marne	58.000	39.600 6.720	42.78 21.60	1.08 3.21	» »	» »	335.000	14.700	349.700	1810 1848 1865	Figure pour 45 millions de dépenses restant à faire au projet de loi de 1879.
Canal de la Marne au Rhin et Embranchement	319.929	88.487 51.772 56.098 59.380	187.21 80.77 66.55 132.95	2.11 1.47 1.19 2.22	» » » »	» » » »	237.500	14.700	252.200	de 1838 à 1853 »	La dépense restant à faire sur les 192 kilomètres de la partie française, ainsi que sur la Marne canalisée et sur le canal latéral à la Marne est portée à 11 millions 900,000 fr. d'après un rapport sur la loi de 1879.
Canal de l'Ourcq	109.063	11.127 96.736 1.200	6.62 8.88	0.59 0.09	»	»	275.000	14.700	»	de 1802 à 1826	D'après Grangez, le chiffre de 275,000 fr. serait à remplacer par 460,000 fr. environ.
Groupe de l'Yonne.											
Yonne :	292.000										
De la source à Clamecy	»	98.000	580.00	5.91	»	»	»	»	»	»	
De là à Auxerre	»	76.000	52.44	0.69	»	»	»	»	»	»	
De là à Laroche	»	27.000	18.09	0.67	13	500	147.700	19.500	167.200	de 1868 à 1873 1861	Reste à dépenser : 6 millions 500,000 fr. entre Montereau et Auxerre. Loi de 1879.
De là à Montereau	»	91.000	31.85	0.35	17	1.000					
Canal de Bourgogne. (Saône-Yonne)	242.000	81.311 154.613	199.09 300.03	2.41 1.94	»	»	235.700	25.000	203.955	1775 1808 1822 1868	Reste à dépenser : 11 millions 240,000 fr. d'après un rapport joint à la loi de 1879.
Canal du Nivernais. (Yonne-Loire)	174.000	103.500 66.000	166.00 74.00	1.60 1.12	»	»	194.475	9.480	199.390	1784 1822 1842	Id. 8 millions 500,000 fr.
Groupe de la Seine.											
Seine :	482.000	»	»	»	»	»	»	»	»	»	
De Villebertin à l'Aube	»	52.000	41.08	0.79	»	»	166.110	28.520	194.630	1703	
De là à Montereau	»	88.000	19.58	0.23	10	300				1805	Compris dans la loi de 1879 pour 57 millions 080,000 fr.
De là à Paris	»	101.000	18.18	0.18	50	2.500	288.570	35.000	323.570	1825-1840	
De là à Rouen	»	241.000	23.00	0.10	»	»	109.744	60.166	169.910	1848-1865	

DÉSIGNATION DES RIVIÈRES ET DES CANAUX	LONGUEUR	VERSANTS			DÉBITS		DÉPENSES faites à diverses époques, par kilomètre	DÉPENSES restant à faire par kilomètre, d'après la Commission d'enquête	COUT KILOMÉTRIQUE définitif	DATES des dépenses faites	OBSERVATIONS
		Longueurs	Hauteurs	Pente moyenne par kilomètre	d'étiage	des hautes crues					
	M.	M.	M.	M.	M. C.	M. C.	F.	F.	F.		
Groupe de la Seine. *(Suite.)*											
Canal de Briare : (Loire-Loing.)	56.250	14.500 38.900	38.25 78.75	2.64 2.02	»	»	231.111	53.333	284.444	1604 1638 1642	Canal compris pour une augmentation de 1 mil. 631,000 fr. dans la loi de 1879.
Canal d'Orléans : (Loing-Loire.)	73.500	23.110 26.453	41.68 29.97	1.48 1.14	»	»	160.544	31.013	181.818	de 1686 à 1692	Id. 1 million.
Canal du Loing	49.500	49.500	30.19	0.61	»	»	121.212	60.606	181.818	de 1719 à 1724	Id. 1 million 500,000 fr.
Canal Saint-Martin . .	4.500	4.500	24.50	5.44	»	»	3.657.657	360.360	4.018.017	de 1802 à 1821	
Canal Saint-Denis . .	6.600	6.600	28.90	4.38	»	»				de 1002 à 1825	
Eure	15.000	15.000	8.00	0.53	»	»	13.176	»	13.176	»	Id. de 500,000 fr.
Aube :	135.000										
De la source à Arcis . .	»	135.000	330.75	2.45	»	»	»	»	»	»	
De là à l'embouchure . .	»	45.000	18.00	0.40	»	»	»	»	»	»	Id. de 200,000 fr.
Groupe de l'Est.											
Meuse :	765.000	»	»	»	»	»	»	»	»	»	
De la source à Pagny . .	»	130.000	»	»	»	»	»	»	»	»	

De là à Verdun.......	»	62.000	25.42	0.41	»	»	»	»	»	»	
De là à Mouzon.......	»	95.000	38.95	0.41	»	»	»	»	»	»	
De là à la Semoy......	»	94.000	23.50	0.25	15	700	»	»	»	»	
De là à la frontière....	»	72.000	37.50	0.52	»	»	»	»	»	»	
De là à Namur........	»	47.000	10.34	0.22	»	»	»	»	»	o	
De là à Liège..........	»	67.000	13.40	0.20	»	»	»	»	»	»	
De là à la mer.........	»	198.000	»	»	»	»	»	»	»	»	
Moselle :											
En amont de Toul.....	63.000	63.000	53.55	0.85	8	1.100	»	»	»	»	Débits à Liverdun.
Canal de l'Est :											
Meuse canalisée, en aval de Sédan.......		113.500	53.33	0.47	»	»	101.000	64.560	165.560		
Haute-Meuse et canal de Sédan à Troussey		162.000	95.25	0.59	»	»	117.000	64.560	181.560		
Moselle, entre Toul et Pont-Saint-Vincent .		22.300	10.50	0.47	»	»	»	»	»	En cours d'exécu-tion.	
Canal de Pont-Saint-Vincent à Port-sur-Saône............	498.400	161.200	143.50 151.50	»	»	»					
Embrt de Nancy......		11.800	54.00	0.34	»	»	179.000	71.570	250.570		
Embrt d'Épinal........		7.400	»	»	»	»					
Partie empruntée au canal de la Marne au Rhin, entre Troussey et Toul............		20.000	»	»	»	»	112.500	64.560	177.060		

Longueur totale du canal de l'Est 498k400
à déduire la section de Toul à Pont-St-Vincent dont les travaux s'exécutent en vertu d'actes législatifs antérieurs. . . . 22.300

Reste à estimer. 476k100

Estimation à 137,000 fr. le kilomètre. 476,100 × 137,000 = 65 millions.

En 1879, une augmentation de 31 millions 800,000 fr. sur les dépenses prévues est autorisée.

DÉSIGNATION DES RIVIÈRES ET DES CANAUX	LONGUEUR	VERSANTS			DÉBITS		DÉPENSES faites à diverses époques, par kilomètre	DÉPENSES restant à faire par kilomètre, d'après la Commission d'enquête	COUT KILOMÈTRIQUE définitif	DATES des dépenses faites	OBSERVATIONS
		Longueurs	Hauteurs	Pente moyenne par kilomètre	d'étiage	des hautes crues					
M.	M.	M.	M.	M.	M. C.	M. C.	F.	F.	F.		
Groupe de la Saône.											
Saône canalisée : ...	303.000										Dépenses à faire : 9 millions 057,000 fr. d'après rapport joint à la loi de 1879.
De Port-sur-Saône à Gray............	»	82.000	22.10	0.26	40	3.000				»	Débits pris à Chalons.
De là à Lyon. (Mulatière)............	»	281.000	39.34	0.14	60	4.000	100.706	61.837	162.543		Id. à Lyon.
Seille canalisée.....	39.200	39.200	7.10	0.18	»	»	76.500	»	76.500	1805	
Canal du Rhône au Rhin............	363.400	192.625 126.392	172.90 206.25	0.89 1.63	»	»	»	»	»	1783-1792 de 1820 à 1834	Id. 10 millions 100,000 fr.
Et Emb^t de Huningue.	28.100	23.100	7.67	0.27	»	»	»	»	»	»	
Doubs : De Dôle à Verdun....	73.000	73.000	21.00	0.28	»	»	»	»	»	»	
Groupe du Rhône.											
Canal de Givors......	18.500	18.500	108.23	5.85	»	»	243.000	»	»	de 1761 à 1830	Id. 3 millions 550,000 fr.
Canal de Beaucaire...	77.800	50.400	8.64	0.07	»	»	173.522	»	»	de 1645 à 1806	Id. 5 millions.
Canal d'Arles à Bouc..	47.400	»	»	»		»	250.000	»	»	de 1802 à 1842	

Rhône :	474.000	»	»	»	»	»	»	»	»	»	
De Seyssel à l'Ain....	»										
De là à Lyon. (Pont-Morand)............	»	141.000	105.15	0.74	»	»					
De là à Lyon. (Mulatière.)............	»	5.000	2.70	0.54	2.35	8.000					Les dépenses à faire sur le Rhône sont évaluées à 34 millions 900.000 fr. par un rapport de sous-commission dressé à l'occasion de la loi de 1879.
De là à l'Isère........	»	103.000	57.70	0.56	»	»					
De là a Pont-St-Esprit.	»	90.000	66.60	0.74	»	»	39.680	110.181	149.861	»	
De là à Avignon......	»	45.000	21.15	0.47	»	»					
De là à Beaucaire.....	»	27.000	8.91	0.33	500	13.900					
De là à Arles.........	»	15.000	2.25	0.15	»	»					
De là à la mer.......	»	48.000	»	»	»	»					
Ain :											
Entre la Bienne et le Rhône...........	91.000	91.000	136.50	1.50	»	»	»	»	»	»	Navigable seulement dans les eaux moyennes et à la descente.
Groupe de la Loire.											
Loire :	980.000										
Du Gerbier à Retournac.............	»	122.000	965.00	7.41	»	»					
De Retournac à Roanne	»	130.000	230.10	1.77	»	»					Roanne, origine de la navigation.
De Roanne au Bec d'Allier....	»	178.000	103.21	0.58	30	9.000				XVIIIe siècle	Débits au Bec d'Allier.
Du Bec à Briare.......	»	95.000	42.75	0.45	»	»				et de	
De Briare à Orléans...	»	83.000	34.03	0.41	45	7.500	30.950	»	»	1814	Id. à Orléans.
D'Orléans au Cher....	»	141.000	52.17	0.37	64	6.400				à	Id. à Tours.
Du Cher à Saumur....	»	50.000	14.00	0.28	»	»					
De Saumur aux Ponts de Cé.............	»	42.000	7.98	0.19	110	6.097					Id. aux Ponts de Cé.
Des Ponts de Cé à la mer...............	»	139.000	15.29	0.11	300	6.115				ce jour.	Id. à Nantes.

DÉSIGNATION DES RIVIÈRES ET DES CANAUX	LONGUEUR	VERSANTS			DÉBITS		DÉPENSES faites à diverses époques, par kilomètre	DÉPENSES restant à faire par kilomètre, d'après la Commission d'enquête	COUT KILOMÉTRIQUE définitif	DATES des dépenses faites	OBSERVATIONS
		Longueurs	Hauteurs	Pente moyenne par kilomètre	d'étiage	des hautes crues					
	M.	M.	M.	M.	M.C.	M.C.	F.	F.	F.		
Groupe de la Loire. *(Suite.)*											
Canal du Centre : (Saône-Loire.)........	116.000	48.210 63.745	130.55 76.61	2.70 1.20	»	»	153.300	12.931	166.231	1783 1793 1801 1868	Une dépense de 9 millions 200,000 fr. reste à faire d'après rapport fait à l'occasion de la loi de 1879; un rapport de la commission de la Chambre des députés (*Officiel* du 9 mars 1861) l'a portée 10 millions 060,000 fr.
Mayenne canalisée et Maine...............	134.800	37.000 88.600 9.200	35.15 35.44 »	0.95 0.40 »	1.75 5.00 »	600 » 146	270.000 162.000 54.300	89.000	273.000	de 1846 à 1870	Débits à Mayenne. Id. à Angers.
Sarthe canalisée......	132.320	132.326	28.29	0.22	15	500	48.000	42.000	90.000	1827 1846 1861	Débits pris à Châteauneuf. Ligne compris pour une dépense de 9 millions 040,000 fr. au projet de loi de 1879.
Loir.	115.000	115.000	33.00	0.29	7	400	467	78.260	78.727	»	Débits pris à l'embouchure. Ligne comprise pour une augmentation de 7 mil. 500,000 fr. au projet de loi de 1879.
Oudon...............	18.900	18.900	3.60	0.19	»	»	16.225	»	16.225	»	Id. 280,000 fr.
Authion.............	50.400	50.400	2.52	0.05	r	»	»	»	»	1385	

Allier :	232.000	»	»	»	»	»	»	»	»	»	»
De Fontanes à la Dore.	»	110.000	160.00	1.45	»	»					
De là a Vichy.........	»	16.000	12.80	0.80	»	»	16.365	»	16.365	de 1814 à ce jour.	Une dépense de 75 millions est indiquée comme nécessaire par les rapports dressés à l'occasion de la loi de 1879.
De là à Moulins.......	»	51.000	38.76	0.76	»	»					
De là à la Loire.......	»	55.000	36.30	0.66	»	»					
Vienne :.............	74.300	»	»	»	»	»	»	»	»	»	»
De Châtellerault à la Creuse............	»	25.000	13.00	0.52	20	1.400	»	»	»	»	Débits à Châtellerault.
De là à la Loire.......	»	49.300	4.93	0.10	x	»	»	»	»	»	
Canal de Roanne à Digoin..............	56.013	56.013	36.80	0.65	»	»	169.522	18.990	188.512	de 1831 à 1837	Inscrit pour une augmentation de 15 millions dans la loi de 1879.
Can. latéral à la Loire, de Digoin à Briare..	207.158	207.158	197.30	0.65	»	»	165.844		184.831	de 1822 à 1841	
Canal du Berry.......	322.500	14.808 201.207 24.980 61.770	26.22 141.08 37.38 40.78	1.77 0.70 1.50 0.66	»	»	83.100	77.520	160.620	1811 1822 1841 1864	Une augmentation de dépenses de 30 millions 500,000 fr. est indiquée comme nécessaire par les rapports de 1879.
Canal de la Sauldre...	43.271	43.271	51.35	1.25	»	»	94.500	»	»	de 1848 à 1869	
Canal de Dives et Thouet.............	42.800	42.800	21.50	0.58	»	»	47.067	»	»	de 1825 à 1834	
Sèvre nantaise........	21.000	21.000	»	»	0.30	400	»	»	»	»	

DÉSIGNATION DES RIVIÈRES ET DES CANAUX	LONGUEUR	VERSANTS			DÉBITS		DÉPENSES faites à diverses époques, par kilomètre	DÉPENSES restant à faire par kilomètre, d'après la Commission d'enquête	COUT KILOMÉTRIQUE définitif	DATES des dépenses faites	OBSERVATIONS
		Longueurs	Hauteurs	Pente moyenne par kilomètre	d'étiage	des hautes crues					
	M.	M.	M.	M.	M. C.	M. C.	F.	F.	F.		
Groupe breton.											
Canal de Nantes à Brest. (Loire, Vilaine, Blavet, Aulne.)..........	367.636	34.015 48.511 93.438 9 575 58.969 92.308	19.22 18.42 126.98 73 61 114.47 182.34	0.56 0.38 1.29 7.68 1.99 1.97	» » » » » »	» » » » » »	151.000	32.644	183.644	1822 1833 1838 1861	Lignes comprises pour une augmentation de 7 millions 270,000 fr. dans la loi de 1879.
Canal du Blavet.......	59.668	59.668	54.45	0.91	»	»	44.786	41.880	86.616	de 1802 à 1861	
Vilaine canalisée.....	96.000	96.000	25.00	0.26	2	400	37.500	5.210	42.710	de 1538 à 1861	Débits à Redon.
Canal d'Ille et Rance. (Vilaine-Rance.)	84.800	34 500 43.100	41.96 59.80	1.21 1.38	» »	» »	169.000	35.420	204.420	Antérieur au XIXe siè[cle] 1804-1842 1837	Id. de 3 millions 775,000 fr.
Groupe de la Charente et de la Sèvre.											
Sèvre niortaise.......	71.000	71.000	7.50	0.11	»	200	23.880	»	23.880	»	
Mignon, Autise et Vendée..........	122.400		»	»	»	»					

Canal de Marans......	23.960	»	»	»	»		554.260	12.500	566.760	»	Pente maximum de la partie navigable.
Charente et affluents..	274.900	»	»	0.40	»	»	25.800	4.350	30.150	»	
Groupe de la Dordogne.											
Dordogne :.	490.000	»	»	»	»	»	»	»	»	»	
De la source à Vénéjoux..........	»	97.700									
De Vénéjoux à Souillac	»	143.000	1.199.59	4.98	20	2.000	»	»	»	»	Débits à Souillac.
De Souillac à la Vézère.	»	75.000	42.75	0.57	»	»	»	160.000	160.000	»	
De la Vézère à l'Isle..	»	134.000	45.56	0.34	42	5.700	18.622	50.000	68.622	1838	Id. à Libourne.
De l'Isle à la Gironde..	»	40.300	2.00	de 0.09 à 0	»	»	»	»	»	»	
Vézère.............	65.500	65.500	35.37	0.54	12	1.200	»	80.000	80.000	»	Id. à Libourne.
Isle..............	145.400	114.400 / 31.000	81.40 / 2.00	0.71 / 0.07	5 / »	1.100 / »	36.900	41.200	78.100	de 1761 à 1838	Débits à Périgueux.
Groupe de la Garonne.											
Garonne :..........	372.000	»	»	»	»	»	»	»	»	»	
Du Salat à Toulouse..	»	80.100	132.26	1 65	34	5.000					
De là au Tarn.........	»	83.800	50.50	0.61	»	»					Les travaux projetés pour l'amélioration des rivières s'élèvent, d'après la loi de 1879, à 4 millions 300,000 fr.
De là au Lot.........	»	84.200	50.00	0.60	50	8.000	24.600	»	24.600	de 1846 à 1868	
De là à Castets........	»	70.000	22.00	0.31	75	»					
De là à Bordeaux.....	»	54.100	2.28	0.04	»	»					
De là à la mer........	»	99.500	2.30	0.02	»	»					

DÉSIGNATION DES RIVIÈRES ET DES CANAUX	LONGUEUR	VERSANTS Longueurs	VERSANTS Hauteurs	VERSANTS Pente moyenne par kilomètre	DÉBITS d'étiage	DÉBITS des hautes crues	DÉPENSES faites à diverses époques, par kilomètre	DÉPENSES restant à faire par kilomètre, d'après la Commission d'enquête	COUT KILOMÉTRIQUE définitif	DATES des dépenses faites	OBSERVATIONS
	M.	M.	M.	M.	M. C.	M. C.	F.	F.	F.		
Groupe de la Garonne. (*Suite*)											
Dropt canalisé......	64.800	64.800	37.58	0.58	»	»	20.000	»	20.000	de 1821 à 1842	
Lot :...............	313.000	»	»	»	»	»	»	»	»	»	
D'Entraigues à Bouquiès............	»	41.000	46.28	1.13				»			
De Bouquiès à Cahors.	»	110.000						81.800			Débits à Cahors.
De Cahors à Villeneuve............	»	112.000	157.09	0.58	16	3.000	63.340	75.900	138.420		
De Villeneuve à la Garonne............	»	50.000						120.000			
Tarn :...............	147.500	»	»	»	»	»	»	»	»	»	
Du Sabo à Gaillac.....	»	38.500	36.20	0.94				»			Débits à Montauban.
De Gaillac à l'Agout..	»	30.500	18.10	0.59				90.164			
De l'Agout à Montauban.	»	40.500	17.20	0.42	20	4.000	30.715	74.074	71.303	1669 et de 1822 à 1843	
De Montauban à la Garonne............	»	38.000	13.00	0.34				6.580			

Baïse canalisée :										
De St-Jean à la Garonne	83.500	83.500	83.50	1.00	1.50	1.000	67.800	3.590	71.390	de 1812 à 1868
Canal latéral à la Garonne,		193.191	128.07	0.66						
Embt de Montauban	210.685	10.682	29.50	2.78	»	»	311.000	»	311.000	de 1838 à 1860
et Descentes en rivières		6.852	13.03	1.90						
Canal du Midi	240.300	52.291 / 182.819	63.00 / 188.00	1.20 / 1.03	»	»	130.000	»	130.000	de 1666 à 1681
et Embt de Narbonne.	36.900	36.900	31.55	0.86						
Canal des Étangs et du Lez.	57.000	»	»	»	»	»	135.100	8.770	143.870	1700 à 1822
Groupe de l'Adour et des Landes.										
Adour :	126.000	»	»	»	»	»	»	»	»	»
De St-Sever à Mugron.	»	18.000	180.00	1.00	»	»	»	»	»	»
De la au Hourquet....	»	14.000	7.00	0.50	»	»	15.700	»	15.700	»
De la aux Gaves	»	69.000	8.97	0.13	»	»	15.700	21.710	37.440	»
Des Gaves à la mer..	»	25.000	»	»	»	»	15.700	»	15.700	»
Midouze	43.000	43.000	16.77	0.89	»	»	15.700	11.630	27.330	de 1836 à 1846
Nive	22.000	22.000	13.30	0.60	»	»	»	»	»	»
Leyre	5.000	5.000	2.25	0.45	»	»	»	»	»	»

Les **travaux** projetés pour l'amélioration des rivières s'élèvent, d'après la loi de 1879, à 4 millions 300,000 fr.

TABLE DES MATIÈRES

CHAPITRE Ier

DE L'ÉTABLISSEMENT DES GRANDES VOIES DE COMMUNICATION EN FRANCE

CHAPITRE II

COMPARAISON ENTRE LES CANAUX ET LES CHEMINS DE FER, AU POINT DE VUE DES SERVICES QU'ILS PEUVENT RENDRE

CHAPITRE III

COMPARAISON ENTRE LES CANAUX ET LES CHEMINS DE FER, AU POINT DE VUE DES DÉPENSES DE PREMIER ÉTABLISSEMENT

CHAPITRE IV

COMPARAISON ENTRE LES CANAUX ET LES CHEMINS DE FER, AU POINT DE VUE DU COUT DES TRANSPORTS

CHAPITRE V

RÉSUMÉ ET CONCLUSION

Bordeaux. — Imprimerie centrale A. DE Lanefranque, rue Permentade, 23-25.